ハングル ハングル I

한글 한 그루 I

髙木 丈也 / 金 泰仁

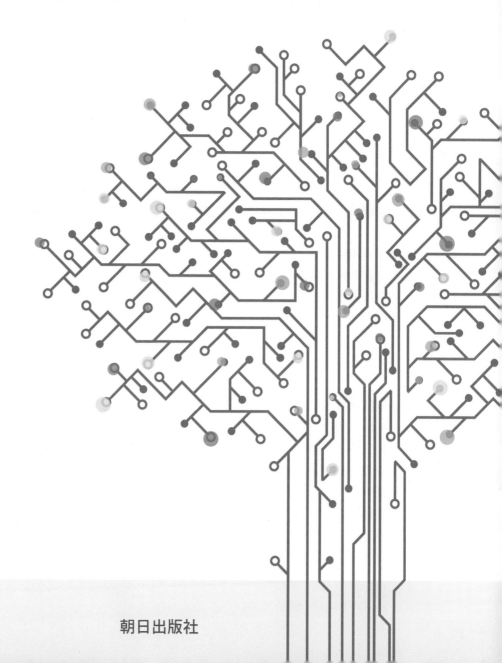

朝日出版社

はじめに

本書は朝鮮語をゼロから学ぼうとする人のために書かれた入門テキストである。本書が他の入門書と性格を異にするのは「本格志向でありながら効率的に学べる」という点である。

　韓流ブーム以降、巷には朝鮮語＝韓国語の学習書が溢れるようになった。学習者が増え、隣国に関心を持つ人が増えているのは喜ばしいことであるが、その一方で、書店で見かける学習書は、依然として旅行会話や平易な文法を解説したものが多く、中級以降の本格的な学習を見据えて足元を固めるという視点から執筆された学習書は少ない状況にある。グローバル化が進展していく中で韓国や北朝鮮、あるいは世界中に存在する多様な朝鮮民族との接触機会は公私を問わず、ますます増えていくだろう。そして彼らと相互関係を構築する際（あるいは彼らを深層レベルで理解する際）、最も重要なものは言うまでもなくコミュニケーション媒体としての言語である。本書では、こうした時代の要請を真摯に受け止め、朝鮮語圏とより近く、より深く関わりたい学習者が中長期的な学習の足場を築くのに足りうるコンテンツを提供していく。

　本書は、以下のような点で「本格志向かつ効率的」である。

▶学術的側面
　本書の著者は2人とも朝鮮語学の専門家であり、日本語と朝鮮語の対照言語学的視座からコースデザインを綿密に設定している。そのため、日本語話者にとって最も効率的な学習をサポートすることが可能になる。また、単語や文法の提示もむやみな簡略化をせずに、真に必要な知識を過不足なく、正確に得ることができるように配慮している。

▶実践演習
　一般に初級の文法学習はパターン・プラクティスに終始しがちであるが、本書では文字と発音が終わったばかりの段階から自由作文や翻訳など豊富な実践演習を提供しており、即戦力を鍛えることができる。また、補助教材の動画では、母語話者（ネイティブ・スピーカー）が普段の会話で使うナチュラルなやり取りを疑似体験できる。

本書は2017年度より慶應義塾大学SFC（湘南藤沢キャンパス）の朝鮮語クラスで使用してきた私家版教材を加筆、修正したものである。本書の執筆過程では、柳町功先生、中島仁先生、富所明秀先生、金秀美先生、金恵珍先生、黒島規史先生といった方々の貴重なご意見を賜った。心より御礼申し上げる。また朝日出版社の山田敏之氏、小髙理子氏には本書編集の過程で大変お世話になった。

　本書は90分×週2コマの授業であれば1年で、90分×週4コマの授業であれば1学期で学ぶことができるように構成されている。第25課までの内容をマスターすれば、ハングル能力検定試験5級、および4級範囲の一部、つまり朝鮮語の初級段階の学習項目はほぼ網羅することになるばかりか、本書の続編『ハングル ハングルⅡ－한글 한 그루Ⅱ』までをマスターすれば、辞書を引きながら『朝鮮日報』や『労働新聞』（それぞれ韓国、北朝鮮の主要紙）を精読することも可能になる。もちろん、非専攻者を念頭において執筆されており、限られた時間の中で効率的に、そして本格的な語学力を涵養できるよう心を砕いているので、安心して学習していただきたい。本書を最大限に活用して、本格的な、そして真に使える語学力を身につけてもらえれば幸いである。

2019年9月

髙木丈也、金泰仁

※本書では言語名として、「朝鮮語」を用いているが、これは「主に朝鮮半島において使用される言語」、あるいは「主に朝鮮民族が使用する言語」という意味であり、特定の国家等を前提にしたものではない。

※本書のタイトルである「ハングル ハングル」（한글 한 그루）は、「ハングル（の樹）1株」という意味である。ハングルで書かれた最初の文献である龍飛御天歌（1447年）の中に「뿌리 깊은 나무」（根の深い樹）という言葉が出てくることに由来するが、これにどのような意味が込められているかは、読者諸氏の想像にお任せしたい。

目　次

文 字 と 発 音 編

文法編

本書の構成

　本書は、〈文字と発音編〉（第１課～第８課）、〈文法編〉（第９課～第25課）により構成されている。それぞれの内容と期待される使い方は、以下のとおりである。

〈文字と発音編〉（第１課～第８課）

　朝鮮語を書き表す文字である「ハングル」の読み書きに習熟することを目標とする。第１課から第５課では、母音や子音の基本的発音を学び、第６課から第８課では、子音が連続した際に生じる発音変化について学ぶ。この時期の学習は、以降の朝鮮語の上達の速度を左右するほど重要であるので、何度も聞き、発音し、書きながら練習してほしい。

〈文法編〉（第９課～第25課）

　文字と発音の学習が終わった後は、文法の学習に入る。本書では、「～です、ます」といった平易な文型から始め、基本的な助詞、数詞について段階的に学びながら、最後には過去形や定型表現、不規則活用の一部までを学ぶ。特に第11課以降においては、用言の活用の学習が始まるが、これは初級朝鮮語の文法学習における最大の山場となる部分なので、正確な形が作れるようになるまで繰り返し練習してほしい（換言すれば、この活用形を正確に作ることができるようになれば、中級以降の学習はずっと楽になる）。また、文法の学習と並行して語彙についても日常生活でよく用いられるものを段階的に提示していく。

▶ 〈文法編〉の各課は、【単語と表現】、【文法ノート】（インプット重視）、【会話しよう】、【書いてみよう】、【伝えよう】（アウトプット重視）により構成されている。また、４～５課に１回、【応用会話】があり、長めの会話にチャレンジしながら、学んだことを復習、応用する機会を設ける。

▶【文法ノート】の練習問題は、〈A〉、〈B〉に分かれており、基本的にはそれぞれ４問ずつが用意されている。特に〈A〉、〈B〉の間に難易度の差はないので、クラスの状況に応じて使用していただきたい。

▶本文中で扱えなかった単語は、９課以降、【単語バンク】の欄で分野別に整理してある。ここで紹介した語は、以降の課では既習語として扱っていないが、いずれも基本語彙なので、できるだけ覚えてしまいたい。

本書使用上のその他の注意点は、以下のとおりである。

▶発音や文法の解説のうち、発展的内容を扱ったものは□□□で囲んである。学習の状況に応じて適宜使用されたい。

▶以下のサイトで【単語と表現】の練習問題、【会話しよう】（第9課から第25課）と【応用会話】（1～4）の動画を公開しているので、予習・復習に活用してほしい（なお、【単語と表現】の練習問題は、東海大学の中島仁先生の作成による）。

単語と表現	https://quizlet.com/class/8631574/
会話しよう	
応用会話	http://cafe.naver.com/sfckorean12

▶本書の学習においては、日朝辞典、朝日辞典を用意する必要はない（ただし、辞書の引き方については第8課で紹介している）。巻末に朝日、日朝索引を付しておくので、復習や作文練習の際に大いに活用してほしい。

▶各課に朝鮮語や朝鮮語圏について理解するのに有益な【コラム】を付した（知っておくと役に立つと思われる単語には、朝鮮語訳も並記している）。学習の合間に気楽な気持ちで読んでほしい。

▶付属の音声教材の収録内容は、以下のとおりである。この音声は、初めのうちはスロースピードであっても早く感じると思うが、必要に応じてPCの再生機能を利用して、速度の調節をしながら聞いてほしい。

- 第1課～第8課（文字と発音編）
  新しく習う発音　1回ずつ
  練習問題　2回ずつ
- 第9課～第25課（文法編）
  [単語と表現]　1回ずつ
  [活用Check！、例文]　1回ずつ
  [会話しよう]　2回ずつ（普通のスピード＋スロースピード）
- 応用会話1～4
  [応用会話]　2回ずつ（普通のスピード＋スロースピード）

──── 『ハングル ハングルⅠ － 한글 한 그루Ⅰ』サイトURL ────
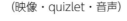
（映像・quizlet・音声）

http://text.asahipress.com/text-web/korean/hangulhangul1/index.html

中国
중국

ロシア
러시아

清津 청진

恵山 혜산

江界
강계

両江道
량강도

咸鏡北道
함경북도

朝鮮民主主義人民共和国(北朝鮮)
조선민주주의인민공화국(북조선)

慈江道
자강도

新義州
신의주

平安北道
평안북도

咸鏡南道
함경남도

咸興
함흥

平安南道
평안남도

平城
평성

平壤
평양

元山
원산

沙里院
사리원

黄海北道
황해북도

東海、日本海
동해

黄海南道
황해남도

開城
개성

江原道
강원도

東草
속초

海州
해주

江陵
강릉

鬱陵島
울릉도

京畿道
경기도

春川
춘천

江華島
강화도

ソウル
서울

仁川
인천

江原道
강원도

黄海
황해

水原
수원

忠清北道
충청북도

忠清南道
충청남도

清州 청주

安東
안동

大田 대전

公州 공주

慶尚北道
경상북도

浦項
포항

扶余 부여

大韓民国(韓国)
대한민국(한국)

全州
전주

大邱
대구

慶州
경주

全羅北道
전라북도

蔚山
울산

慶尚南道
경상남도

務安
무안

光州
광주

昌原
창원

金山
부산

木浦
목포

全羅南道
전라남도

麗水
여수

巨済島
거제도

珍島
진도

南海
남해

済州
제주

済州道
제주도

文字と発音編

(第1課~第8課)

ハングルの構造、母音①（単母音）

朝鮮語を表記する文字を「ハングル」(한글)という。この課では、まずこのハングルの仕組みを理解した後で、単母音について学ぶ。

1.1. ハングルの構造

■ 表音文字としてのハングル

漢字は、1文字が1つの意味を表すことから「表語文字」とよばれる。一方、ハングルは、ひらがな、カタカナ、ローマ字などと同様に1つの文字が1つの音を表すことから「表音文字」とよばれる。例えば、日本語の「さくら」をローマ字、ハングルで書いてみると、次のようになる。

一番左の「さ」をみると、「ㅅ」は「s」、「ㅏ」は「a」を表す字母（要素）で、これらが組み合わさって「사 sa」という文字が完成していることがわかる。なお、この1つの文字は、1つのまとまりをもった音の単位＝「音節」に対応しており、「사 sa」は1文字＝1音節である。このようにハングルは、1文字(＝1音節)が複数の字母(要素)から構成されるという特徴を持つ。このような文字を構成する小さな要素のうちグレーの部分を「子音字」、白の部分を「母音字」という。

■ 音節文字としてのハングル

上でみたようにハングルは、ローマ字と同様に子音字と母音字から構成され、その表記にあたっては、日本語と同様に音節ごとにまとめて書くという特徴を持つ。上の例では、「さ／く／ら」という3つの音節に対して、それぞれ「사／쿠／라」という3つの文字が対応していることがわかる。

なお、文字＝音節構造に関し、ハングル(朝鮮語)では、上でみた例のように「子音＋母音」というパターンの他にも「子音＋母音＋子音」というパターンが多くみられる。

　例えば、朝鮮半島に最も多い姓である「金」(Kim)は、１音節＝１文字で、以下のように表される。

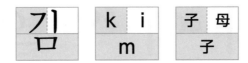

　上の文字をみると、「ki」の下にさらに「m」という子音字が入り、１文字＝１音節を構成していることがわかるだろう。このような音節構造のうち、音節の初めに立つ子音(ここではk)を「初声」、音節の真ん中に立つ母音（ここではi）を「中声」、音節の終わりに立つ子音(ここではm)を「終声」とよぶ。

　以降、本書では、21の母音と19の子音の発音を段階的に学んでいくことにする。

1.2. 単母音

　まずは、母音のうち、日本語の「あいうえお」に相当する単母音８つを学ぶ。「う、え、お」に似た音がそれぞれ２つずつあるので、口の開き方、唇の形に注意して練習しよう。

🔊 1-2			
あ	ㅏ	[a]	口を広く開けて
い	ㅣ	[i]	口を横に引いて
う	ㅜ	[u]	唇を丸く突き出して
	ㅡ	[ɯ]	口を横に引いて
え	ㅔ	[e]	口をやや狭くして
	ㅐ	[ɛ]	口を広く開けて
お	ㅗ	[o]	唇を丸く突き出して
	ㅓ	[ɔ]	口を広く開けて

※同時代のソウル方言話者(特に若年層)においては、単母音에と애を発音のレベルではほとんど区別していない。そのため、これらは日本語の「エ」に近い発音で十分に通じる(ただし、表記上は区別するので注意すること)。

　ハングルは、その構成上、子音字がなければ文字として成立しえないため、*母音だけから成る音節を表記する際には、便宜上、子音字の位置に*音価ゼロの子音字ㅇを書くことになっている。次のページに示す文字のうち、ㅇが書かれている部分が子音字の入る位置である。これを見てわかるように、子音字と母音字の配し方は、아、이のように左右に並べるもの(縦長型)と、우、으のように上下に並べるもの(横長型)に分かれる。いずれも子音字と母音字を左右、上下にバランスよく書くことが重要である。

〈書き順〉

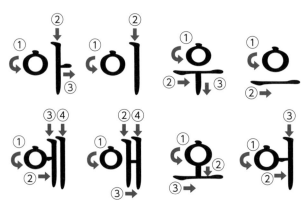

　ハングルの書き順は、漢字と同じように上から下へ、左から右へ書く。また、ㅇ(ゼロ子音字)は、上から反時計回りに書く。なお、書体(フォント)によっては、「筆の入り」のような点があるが、これは手書きの場合には、書く必要がない。

🔊 1-3 [練習 1] 8つの単母音を書きながら、発音してみよう。

아 이 우 으 에 애 오 어

🔊 1-4 [練習 2] 書きながら、発音してみよう。

1．아-어	2．이-으
3．우-으	4．에-애
5．오-어	6．우-오
7．아-이-아	8．우-으-우
9．에-애-에	10．오-어-오
11．아-우-오	12．어-에-이
13．으-애-어	14．아-에-으
15．이-우-애	16．이-오-으

🔊 1-5 [練習 3] 書きながら、発音してみよう。

1．아이 (子供)	2．이어 (続けて)
3．이 〈二〉(2)	4．오 〈五〉(5)
5．에이 〈A〉(A (アルファベット))	6．우아 〈優雅〉(優雅)
7．애 (子供)	8．오이 (きゅうり)

※第1課から第8課で提示する単語は、今の段階では無理して覚えなくても良い。まずは、文字と発音の関係に習熟するよう繰り返し練習しよう。文字は、ルビを振らなくても読めるようにすること。

※漢字語、外来語には、〈　〉の中にそれぞれ漢字、原語(主に英語)を示してある。

🔊))) 練習 **4** 発音された音を書き取ってみよう（それぞれ2回ずつ発音されます）。
1-6

1. _____ 　2. _____ 　3. _____ 　4. _____

5. _____ 　6. _____ 　7. _____ 　8. _____

コラム ◆ ハングルの誕生と『訓民正音』

　ハングル（한글）は、15世紀の中葉に朝鮮王朝の第4代の王、世宗（セジョン：세종）の命により計画的に作られた文字である。当時の朝鮮半島には、まだ独自の文字が存在しておらず、漢字による文字生活が営まれていた。このことに不便を感じた世宗は、集賢殿という官庁に有能な学者を集め、文字の創製にあたらせた。この文字は、1446年に『訓民正音』（훈민정음）という書により世に広められ、以来、今日に至るまで朝鮮語を表記する文字として使用されている。韓国では、世宗は1万ウォン紙幣の肖像画として描かれているほか、『訓民正音』が交付された10月9日を「ハングルの日」（한글날）として国民の祝日に制定している。なお、日本では、しばしば「ハングル語」という名称に接することがあるが、「ハングル」が文字の名称である以上、このような名称の使用は避けなければならない。

『訓民正音』（훈민정음）

<table>
<tr><td>第2課</td><td># 初声の子音① （鼻音、流音、平音 （有声音化））</td></tr>
</table>

　音節の初めに立つ子音(初声)は、全部で19ある。この課では、そのうち基本となる8つを学ぶ。ここでは、8つの子音を発音上の特性から3つのグループに分けて学んでいく。

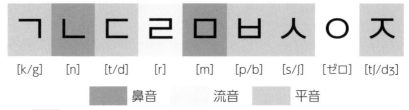

| ㄱ | ㄴ | ㄷ | ㄹ | ㅁ | ㅂ | ㅅ | ㅇ | ㅈ |
| [k/g] | [n] | [t/d] | [r] | [m] | [p/b] | [s/ʃ] | [ゼロ] | [tʃ/dʒ] |

　　　鼻音　　　流音　　　平音

※ ㅇ [ゼロ] は、 1.2. で学んだように音値ゼロの子音字で、母音だけの音節を表す際に使う。

2.1. 鼻音

鼻音は息が鼻から抜ける音で、ㄴ、ㅁの2つがある。

ㄴ	[n]	日本語のナ行と同じように
ㅁ	[m]	日本語のマ行と同じように

🔊 1-7 나 니 누 느 네 내 노 너
마 미 무 므 메 매 모 머

　　내 [nɛ] (私の〜)　　메모 [memo] 〈memo〉(メモ)
　　나무 [namu] (木)

2.2. 流音

　流音は舌先が歯茎をはじく音で、ㄹ1つだけである。英語の [r] とは発音が異なるので、注意。

ㄹ	[r]	日本語のラ行と同じように

🔊 1-8 라 리 루 르 레 래 로 러

　　미래 [miːrɛ] 〈未來〉(未来)　　우리 나라 [uri nara] (私たちの国)

2.3. 平音（有声音化）

　平音は息を強く出さずに柔らかく発音する音で、ㄱ、ㄷ、ㅂ、ㅅ、ㅈの5つがある。このうち、ㅅを除く4つ（ㄱ、ㄷ、ㅂ、ㅈ）は、語頭では無声音（日本語の清音のような音）で発音されるが、**語中では有声音**（日本語の濁音のような音）で発音される。このような現象を「有声音化」という。

		語頭		語中
ㄱ	[k]	日本語のカ行と同じように	[g]	日本語のガ行と同じように
ㄷ	[t]	日本語のタ行と同じように	[d]	日本語のダ行と同じように
ㅂ	[p]	日本語のパ行と同じように	[b]	日本語のバ行と同じように
ㅅ	[s/ʃ]	日本語のサ行と同じように		
ㅈ	[tʃ]	日本語のチャ行と同じように	[dʒ]	日本語のヂャ行と同じように

1-9

가 기 구 그 게 개 고 거
다 디 두 드 데 대 도 더
바 비 부 브 베 배 보 버
사 시 수 스 세 새 소 서
자 지 주 즈 제 재 조 저

디 [ti／ティ]（×チ）、두 [tu／トゥ]（×ツ）、드 [tɯ／トゥ]（×ツ）、시 [ʃi／シ]（×スィ）の発音に注意。

가수 [kasu]〈歌手〉（歌手）　　다니다 [tanida]（通う）
시디 [ʃidi]〈CD〉（CD）　　부자 [puːdʒa]〈富者〉（金持ち）

〈書き順〉

　母音の左に書く際と上に書く際で子音字の形が若干、異なることに注意（やはり、子音字と母音字を左右、上下にバランスよく書くように心がける）。なお、スは字体によってはＺのように書かれることがあるが、書く際にはスのように書けばよい。

🔊 練習 **1** 書きながら、発音してみよう。
1-10

1．누구 (誰)　　　　　　　　2．자리 (席)
3．다시 (また、再び)　　　　4．부모 〈父母〉(両親)
5．구두 (靴)　　　　　　　　6．아버지 (お父さん)
7．어머니 (お母さん)　　　　8．버스 〈bus〉(バス)
9．지도 〈地図〉(地図)　　　10．고기 (肉)
11．노래 (歌)　　　　　　　12．세제 〈洗剤〉(洗剤)
13．두부 〈豆腐〉(豆腐)　　　14．라디오 〈radio〉(ラジオ)
15．모자 〈帽子〉(帽子)　　　16．바지 (ズボン)

🔊 練習 **2** 有声音化に注意して、発音してみよう。
1-11

1．기사 〈記事〉(記事)　 － 　사기 〈詐欺〉(詐欺)
2．다수 〈多數〉(多数)　 － 　수다 (おしゃべり)
3．부서 〈部署〉(部署)　 － 　서부 〈西部〉(西部)
4．제어 〈制御〉(制御)　 － 　어제 (昨日)

5．세수〈洗手〉(洗顔)　‐　수세미 (たわし)
6．대기〈大氣〉(大気)　‐　기대〈期待〉(期待)

🔊 練習 3 発音された音を書き取ってみよう（それぞれ2回ずつ発音されます）。
1-12

1. _____　2. _____　3. _____　4. _____

5. _____　6. _____　7. _____　8. _____

コラム ◆ 朝鮮語が使用される国や地域

　我々が学んでいる朝鮮語（＝朝鮮民族の言語）は、韓国(한국)や北朝鮮(북조선)をはじめ、アメリカ(미국)や中国(중국)東北地方、日本(일본)、ロシア(러시아：旧ソ連地域)など世界の多くの国や地域で使用されており、話者人口としてはイタリア語とほぼ同じ8,000万人ほど(世界13〜15位)を有する。このうち本書で主に学んでいくのは、実際の接触機会が最も多いであろう、韓国における標準語(ソウル方言)である。巻末には韓国・北朝鮮の基礎データを掲載しているので、早い段階で一読しておいてほしい。

〈世界のコリアタウン〉

アメリカ ロサンゼルス市

中国 遼寧省 瀋陽市(西塔)

第3課 初声の子音②（激音、濃音）

この課では、音節の初めに立つ子音(初声)のうち、第2課で扱えなかった10こを発音上の特性から2つのグループに分けて学ぶ。

| | | | | | | | | | |
|ㅋ|ㅌ|ㅍ|ㅊ|ㅎ|ㄲ|ㄸ|ㅃ|ㅆ|ㅉ|

[kʰ]　[tʰ]　[pʰ]　[tʃʰ]　[h]　[ʔk]　[ʔt]　[ʔp]　[ʔs/ʔʃ]　[ʔtʃ]

　激音　　濃音

3.1. 激音

激音は強い息を伴って発音する子音で、ㅋ、ㅌ、ㅍ、ㅊ、ㅎの5つがある。2.3.で学んだ平音とは異なり、**語中でも有声音化しない**（濁らない）ことに注意。

ㅋ	[kʰ]	日本語のカ行を息を強く出して
ㅌ	[tʰ]	日本語のタ行を息を強く出して
ㅍ	[pʰ]	日本語のパ行を息を強く出して
ㅊ	[tʃʰ]	日本語のチャ行を息を強く出して
ㅎ	[h]	日本語のハ行と同じように

🔊 1-13

카 키 쿠 크 케 캐 코 커
타 티 투 트 테 태 토 터
파 피 푸 프 페 패 포 퍼
차 치 추 츠 체 채 초 처
하 히 후 흐 헤 해 호 허

티 [tʰi／ティ]（×チ）、투 [tʰu／トゥ]（×ツ）、트 [tʰɯ／トゥ]（×ツ）の発音に注意。

카메라 [kʰamera]〈camera〉（カメラ）　아파트 [apʰaːtʰɯ]〈apart〉（マンション）
기차 [kitʃʰa]〈汽車〉（長距離特急）　해 [hɛ]（太陽）

〈書き順〉

🔊 **練習 1** 書きながら、発音してみよう。
1-14

1．**크기** (大きさ)　　　　　2．**치마** (スカート)

3．**토마토** 〈tomato〉(トマト)　4．**하나** (ひとつ)

5．**고추** (唐辛子)　　　　　6．**허리** (腰)

7．**마트** 〈mart〉(大型スーパー)　8．**차이** 〈差異〉(違い)

9．**카페** 〈cafe〉(カフェ)　　10．**오후** 〈午後〉(午後)

11．**파스타** 〈pasta〉(パスタ)　12．**케이크** 〈cake〉(ケーキ)

3.2. 濃音

　濃音は喉に力を入れ、息を漏らさずに発音する子音で、ㄲ、ㄸ、ㅃ、ㅆ、ㅉの5つがある。前に促音「っ」があるつもりで、若干、かん高く発音すると、それらしく聞こえる。やはり2.3.で学んだ平音とは異なり、**語中でも有声音化しない**（濁らない）。

ㄲ	[ˀk]	カ行。「かっか」の「っか」のように
ㄸ	[ˀt]	タ行。「たった」の「った」のように
ㅃ	[ˀp]	パ行。「ぱっぱ」の「っぱ」のように
ㅆ	[ˀs/ˀʃ]	サ行。「さっさ」の「っさ」のように
ㅉ	[ˀtʃ]	チャ行。「ちゃっちゃ」の「っちゃ」のように

🔊 까 끼 꾸 끄 께 깨 꼬 꺼
1-15
따 띠 뚜 뜨 떼 때 또 떠
빠 삐 뿌 쁘 뻬 빼 뽀 뻐
싸 씨 쑤 쓰 쎄 쌔 쏘 써
짜 찌 쭈 쯔 쩨 째 쪼 쩌

ㄸ [ˀti／ッティ]（×ッチ）、뚜 [ˀtu／ットゥ]（×ッツ）、뜨 [ˀtɯ／ットゥ]（×ッツ）、씨 [ˀʃi／ッシ]（×ッスィ）の発音に注意。

21

뻐꾸기 [ˀpoˀkugi]（かっこう）　　또 [ˀto]（また）
이쑤시개 [iˀsuʃigɛ]（つまようじ）　가짜 [kaːˀtʃa]（偽物）

〈書き順〉

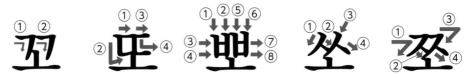

■))） 練習 2 書きながら、発音してみよう。
1-16
1．버찌（さくらんぼ）　　　　2．오빠（（妹からみた）兄）
3．토끼（うさぎ）　　　　　　4．아저씨（おじさん）
5．짜다（塩辛い）　　　　　　6．어깨（肩）
7．때（時（とき））　　　　　 8．쓰레기（ごみ）
9．찌개（鍋料理）　　　　　　10．까치（かささぎ）
11．뽀뽀（ほっぺにチュー）　 12．따로따로（別々に）

▌ 3.3. 初声の子音のまとめ

この課までで初声の子音字とその発音について一通り学んだので、ここでまとめてみよう。

	平音		激音	濃音	鼻音	流音
	語頭	語中				
ㄱ	[k]	[g]	ㅋ [kʰ]	ㄲ [ˀk]	ㅇ [ゼロ]	
ㄷ	[t]	[d]	ㅌ [tʰ]	ㄸ [ˀt]	ㄴ [n]	ㄹ [r]
ㅂ	[p]	[b]	ㅍ [pʰ]	ㅃ [ˀp]	ㅁ [m]	
ㅅ	[s/ʃ]			ㅆ [ˀs/ʃ]		
ㅈ	[tʃ]	[dʒ]	ㅊ [tʃʰ]	ㅉ [ˀtʃ]		
			ㅎ [h]			

■))） 練習 3 平音、激音、濃音の違いに注意して発音してみよう。
1-17
1．가-카-까　　　기-키-끼　　　고-코-꼬
2．다-타-따　　　디-티-띠　　　도-토-또
3．바-파-빠　　　비-피-삐　　　보-포-뽀
4．사　-싸　　　 시　-씨　　　 소　-쏘
5．자-차-짜　　　지-치-찌　　　조-초-쪼

6. 개다 (晴れる)   – 캐다 (掘る)   – 깨다 (目が覚める)
7. 사다 (買う)   – 싸다 (安い)
8. 지다 (背負う)   – 치다 (叩く)   – 찌다 (蒸す)
9. 배다 (染み込む)   – 패다 (殴る)   – 빼다 (抜く)
10. 다다 (全てだ)   – 타다 (乗る)   – 따다 (摘む)

🔊 練習 **4** 発音された音を書き取ってみよう（それぞれ2回ずつ発音されます）。
1-18

1. _____   2. _____   3. _____   4. _____

5. _____   6. _____   7. _____   8. _____

母音② （半母音 ［j/w］＋の母音、二重母音）

　　この課では、1.2.で学んだ単母音をもとに作られる母音13こを（1）半母音 ［j］＋の母音、（2）半母音 ［w］＋の母音、（3）二重母音に分けて学ぶ。

4.1. 半母音 ［j］＋の母音

　　1.2.で学んだ単母音のうち、ㅏ、ㅜ、ㅔ、ㅐ、ㅗ、ㅓに短い画をもう1本つけ加えると、半母音 ［j］がプラスされた音、すなわち「ヤ行」の母音になる。口の開け方、唇の形は、元になる母音と同じ要領で発音すればよい。なお、ㅖは、ㅇ（ゼロ子音）以外の子音が初声にくる時、ㅔ ［e］と発音されるので、注意。

🔊 1-19

	→		
ㅏ ［a］		ㅑ ［ja］	야
ㅜ ［u］		ㅠ ［ju］	유
ㅔ ［e］		ㅖ ［je］	예
ㅐ ［ɛ］		ㅒ ［jɛ］	얘
ㅗ ［o］		ㅛ ［jo］	요
ㅓ ［ɔ］		ㅕ ［jɔ］	여

야구 ［ja:gu］〈野球〉（野球）　　시계 ［시게／ʃige］〈時計〉（時計）
재료 ［tʃɛrjo］〈材料〉（材料）　　여기 ［jɔgi］（ここ）

※発音記号の ［j］は、ジャ行ではなく、ヤ行を表すものである。

🔊 1-20 **練習 1** 書きながら、発音してみよう。
1．우표 〈郵票〉(切手)　　　　　　2．겨우 (やっと)
3．예 (はい)　　　　　　　　　　4．샤프 〈sharp〉(シャープペン)
5．얘기 (話)　　　　　　　　　　6．휴지 〈休紙〉(ティッシュ)
7．계시다 (いらっしゃる)　　　　8．하얘요 (白いです)
9．가냐？ (行くのか)　　　　　　10．여자 〈女子〉(女性)
11．유튜브 〈youtube〉(youtube)　12．서예 〈書藝〉(書道)

■ 4.2. 半母音［w］＋の母音

　ㅗの右にㅏ、ㅣ、ㅐを、ㅜの右にㅣ、ㅔ、ㅓを加えると、半母音［w］がプラスされた音、すなわち「ワ行」の母音になる。いずれもㅗ、ㅜを発音する際の要領で口を突き出してから、次の単母音を一息に発音すればよい。ただし、ㅚ、ㅙは、［we＝ㅞ］と発音されるので注意。

1-21

ㅗ [o]	+	ㅏ [a]	=	ㅘ [wa]	와
		ㅣ [i]	=	ㅚ [we]	외
		ㅐ [ɛ]	=	ㅙ [we]	왜
ㅜ [u]	+	ㅣ [i]	=	ㅟ [wi]	위
		ㅔ [e]	=	ㅞ [we]	웨
		ㅓ [ɔ]	=	ㅝ [wɔ]	워

와요 ［wajo］（来ます）　　　　회사 ［훼사／hwe:sa］〈會社〉（会社）
매워요 ［mɛwɔjo］（辛いです）　뒤 ［twi:］（後）

■ 4.3. 二重母音

　二重母音は、ㅢ1つだけである。口を横に引いて、ㅡからㅣを一息に発音する。ただし、この母音は、**語中では［ㅣ］**と発音されるので、注意。

1-22

ㅢ	語頭	[ɯi]	의
	語中	[i]	

의사 ［ɯisa］〈醫師〉（医者）　　　거의 ［거이／kɔi］（ほとんど）

> ※희다 ［hida］（白い）や희게［hige］（白く）など희の場合は、語頭であっても［i］で発音される。

練習 2 書きながら、発音してみよう。

1-23

1．와이파이〈wifi〉(Wi-Fi)　　　　2．추워요（寒いです）
3．최고〈最高〉(最高)　　　　　　4．취미〈趣味〉(趣味)
5．왜（なぜ）　　　　　　　　　　6．의자〈椅子〉(椅子)
7．해외〈海外〉(海外)　　　　　　8．돼지（豚）
9．가위（はさみ）　　　　　　　　10．스웨터〈sweater〉(セーター)
11．교과서〈教科書〉(教科書)　　　12．회의〈會議〉(会議)

4.4. 母音のまとめ

この課までで母音字とその発音について一通り学んだので、ここでまとめてみよう。

単母音	半母音[j]+ (ヤ行音)	半母音[w]+（ワ行音）		二重母音
		ㅗ+	ㅜ+	
ㅏ [a]	ㅑ [ja]	ㅘ [wa]		
ㅣ [i]		ㅚ [we]	ㅟ [wi]	
ㅜ [u]	ㅠ [ju]			
ㅡ [ɯ]				ㅢ [ɯi]
ㅔ [e]	ㅖ [je]		ㅞ [we]	
ㅐ [ɛ]	ㅒ [jɛ]	ㅙ [we]		
ㅗ [o]	ㅛ [jo]			
ㅓ [ɔ]	ㅕ [jɔ]		ㅝ [wɔ]	

※本来、朝鮮語にも発音上、長母音と短母音の区別が存在しており、単語によっては第1音節をやや長く発音していたが、同時代のソウル方言話者は、母音の長短をほとんど区別しなくなっている。今でも辞書には、[a]（短母音）、[a:]（長母音）のように発音の区別が記載されているが、学習にあたっては、さほど気にする必要はない。

🔊 練習 3 母音の違いに注意して発音してみよう。

1-24
1. 오－어　　　　　　　2. 애－에
3. 우－으　　　　　　　4. 여－요
5. 예－애　　　　　　　6. 외－왜－웨
7. 위－의　　　　　　　8. 와－워
9. 이－유　　　　　　　10. 아－야
11. 고기 (肉) － 거기 (そこ)　　12. 개 (犬) － 게 (蟹)
13. 의기 〈意氣〉(意気) － 위기 〈危機〉(危機)
14. 요지 〈要旨〉(要旨) － 여지 〈餘地〉(余地)
15. 코피 (鼻血) 　　 － 커피 〈coffee〉(コーヒー)

🔊 **練習 4** 発音された音を書き取ってみよう（それぞれ2回ずつ発音されます）。
1-25

1. _____　2. _____　3. _____　4. _____

5. _____　6. _____　7. _____　8. _____

〈読める文字を探してみよう〉

コラム ◆ 日本語話者にとって学びやすい朝鮮語

　読者諸氏は、おそらく今頃、文字と発音の学習で苦労していると思うが、実は朝鮮語は日本語話者にとっては最も学びやすい言語の1つである。その理由として、以下のような点をあげることができる。

▶語順がSOVで日本語と並行している。
▶助詞（てにをは）が存在している。
▶膨大な数の共通した漢字語が多く使われる（音韻規則が対応しているものが多く、意味の類推や語彙の算出が比較的、容易である）。
▶敬語が発達している。
▶日本語の常体と敬体のように、話しことばと書きことば、あるいは丁寧さによる文体の区別が存在する。

　この後、〈文法編〉に入ると、〈文字と発音編〉に比べると比較的、学習は楽になるので安心してほしい。〈文字と発音編〉の学習も残りあと4課。どうか挫折することなくハングルをマスターしてほしい。

第5課 終声の子音（鼻音、流音、口音）、終声規則、発音変化①（濃音化）

　第2課、第3課では音節の初めに立つ子音（初声）を学んだが、この課では音節末に立つ子音について学ぶ。この音節末の子音は、文字上では「パッチム」、音声上では「終声」とよばれており、パッチムには初音を表す子音字と同じものが用いられる。また、終声の発音は［m］、［n］、［ŋ］、［l］、［ᵖ］、［ᵗ］、［ᵏ］の7種しかなく、全てのパッチムは、この7つの音のいずれかで発音される。ここではまず基本となる7つの終声の発音を発音上の特性から3つのグループに分けて学んだ後で、パッチムと終声の対応を示した「終声規則」、さらには「濃音化」についても学んでいく。

▌5.1. 鼻音

　鼻音の終声は息が鼻から抜ける音で、ㅁ、ㄴ、ㅇの3つがある。いずれも日本語の「ん」（撥音）のように聞こえるが、朝鮮語では区別して発音しなければならない。

🔊 1-26

ㅁ	[m]	「あんまり」の「ん」のように口を閉じて	암
ㄴ	[n]	「あんない」の「ん」のように舌先を上の歯の裏側に付けて	안
ㅇ	[ŋ]	「あんがい」の「ん」のように舌の奥を口の天井の奥に付けて	앙

바람 [param]（風）　　내년 [nɛnjɔn]〈來年〉（来年）
사랑 [saraŋ]（愛）　　선생님 [sɔnsɛŋnim]〈先生-〉（先生）

※ㅇは初声では音価ゼロであるのに対し、終声では［ŋ］の音価を持つことに注意。

▌5.2. 流音

　流音の終声は息が舌の両側から抜ける音で、ㄹ1つだけである。

🔊 1-27

| ㄹ | [l] | 舌先を上の歯の裏側よりやや奥の方につけて | 알 |

칠 [tʃʰil]〈七〉（7）　　슬슬 [sɯːlsɯl]（そろそろ）

🔊》 **練習 1** 書きながら、発音してみよう。
1-28
1．암－안－앙－알　　　　　　　2．임－인－잉－일
3．음－은－응－을　　　　　　　4．엠－엔－엥－엘
5．옴－온－옹－올　　　　　　　6．염－연－영－열
7．처음（初めて）　　　　　　　8．사탕〈砂糖〉（キャンディ）
9．거울（鏡）　　　　　　　　10．언니（（妹からみた）お姉さん）
11．빨리（速く）　　　　　　　12．컴퓨터〈computer〉（コンピュータ、パソコン）
13．스마트폰〈smart-phone〉（スマートフォン）　14．멍멍（ワンワン（犬の鳴き声））
15．한미일〈韓美日〉（日米韓（国名））　16．침실〈寝室〉（寝室）
17．슬프다（悲しい）　　　　　18．냉면〈冷麵〉（冷麺）

5.3. 口音

　口音の終声は唇や舌をしっかり止めたまま発音する破裂しない音で、ㅂ、ㄷ、ㄱの３つがある。いずれも日本語の「っ」（促音）のように聞こえるが、朝鮮語では区別して発音しなければならない。

🔊》
1-29

ㅂ	[ᵖ]	「あっぱれ」の「っ」のように口を閉じて	압
ㄷ	[ᵗ]	「あったかい」の「っ」のように舌先を上の歯の裏側につけて	앋
ㄱ	[ᵏ]	「あっけない」の「っ」のように舌の奥を口の天井の奥につけて	악

삼십［samʃiᵖ］〈三十〉（30）　　곧［koᵗ］（もうすぐ）
한국［haːnguᵏ］〈韓國〉（韓国）

🔊》 **練習 2** 書きながら、発音してみよう。
1-30
1．압－앋－악　　　　　　　　2．입－읻－익
3．읍－읃－윽　　　　　　　　4．엡－엗－엑
5．옵－옫－옥　　　　　　　　6．엽－엳－역
7．밥（ご飯）　　　　　　　　8．책〈冊〉（本）
9．걷（「歩く」の語幹）　　　10．기업〈企業〉（企業）
11．듣（「聞く」の語幹）　　　12．대학〈大學〉（○○学部）
13．지갑〈紙匣〉（財布）　　　14．우체국〈郵遞局〉（郵便局）
15．곧（すぐ）　　　　　　　16．컵〈cup〉（コップ）

5.4. 終声規則

文字(表記)上、パッチムの位置には27種の子音字(複数の子音字が組み合わさったものを含む)が立ちうるが、それらが実際に発音される際には、上でみた [m]、[n]、[ŋ]、[l]、[ᵖ]、[ᵗ]、[ᵏ] の7つの終声のいずれかにより現れる。つまり、どのパッチムがどの終声で発音されるかは、あらかじめ決められており、このような対応関係を定めたものを「終声規則」とよぶ。まずは、よく使われる16のパッチムと終声の対応をみてみよう。

	終声	パッチム
鼻音	[m]	ㅁ
	[n]	ㄴ
	[ŋ]	ㅇ
流音	[l]	ㄹ
口音	[ᵖ]	ㅂ ㅍ
	[ᵗ]	ㄷ ㅌ ㅅ ㅆ ㅈ ㅊ ㅎ
	[ᵏ]	ㄱ ㅋ ㄲ

🔊 **練習 3** **書きながら、発音してみよう。**

1-31

1．옷 (服)
2．밖 (外)
3．끝 (終わり)
4．꽃 (花)
5．옆 (横、隣)
6．인터넷 〈internet〉(インターネット)
7．파랗- (「青い」の語幹)
8．부엌 (台所)
9．있- (「ある、いる」の語幹)
10．낮 (昼)

この他に2種類の異なる子音字から成る二重パッチム(11種)が存在し、これらも7つの終声のいずれかで発音されることになる。ただし、初級の学習において出てくるものはごく限られているため、当面は出てくるたびに単語レベルで覚えるようにすればよい。ここでは、参考までに二重パッチムの発音の原則を示しておく。

左側の子音字を読むもの	ㄳ ㄵ ㄶ ㄼ ㄽ ㄾ ㅀ ㅄ
右側の子音字を読むもの	ㄺ ㄻ ㄿ

5.5. 濃音化

2.3.で初声の平音ㄱ、ㄷ、ㅂ、ㅈは、語中で有声音化する(濁る)ことを学んだが、この規則

は、平音が鼻音の終声 [m]、[n]、[ŋ]、流音の終声 [l] に続く場合にもやはり適用される。

🔊)) **練習 4** **読んでみよう。**
1-32
1．군대〈軍隊〉（軍隊）
2．살지（住むでしょう）
3．농구〈籠球〉（バスケットボール）
4．달다（甘い）
5．안경〈眼境〉（メガネ）
6．햄버거〈hamburger〉（ハンバーガー）
7．경제〈經濟〉（経済）
8．살구（あんず）
9．건배〈乾杯〉（乾杯）
10．남대문시장〈南大門市場〉（南大門市場）
11．정부〈政府〉（政府）
12．감자（じゃがいも）

　一方、口音の終声 [ᵖ]、[ᵗ]、[ᵏ] に平音ㄱ、ㄷ、ㅂ、ㅅ、ㅈが続く場合、後に続く平音は**有声音化せず、対応する濃音として発音**される。これを「濃音化」という。

```
        [ᵖ] , [ᵗ] , [ᵏ]     +     ㄱ, ㄷ, ㅂ, ㅅ, ㅈ
        （終声＝口音）                （初声＝平音）

  →     [ᵖ] , [ᵗ] , [ᵏ]     +     ㄲ, ㄸ, ㅃ, ㅆ, ㅉ
                                      （初声＝濃音）
```

🔊)) 잡지 [잡찌／tʃaᵖ²tʃi]〈雑誌〉（雑誌）　　듣고 [듣꼬／tɯᵗ²ko]（聞いて）
1-33 식당 [식땅／ʃiᵏ²taŋ]〈食堂〉（食堂）

　なお、[ᵖ]、[ᵏ] ＋ㅅの場合は、先行する終声を発音する時、息が漏れる。
　　接시 [접씨：tʃɔpᵖ²ʃi]（皿）　학생 [학쌩：hakᵏ²sɛŋ]〈學生〉（学生）

🔊)) **練習 5** **読んでみよう。**
1-34
1．십 분〈十分〉（10分）
2．복도〈複道〉（廊下）
3．축구〈蹴球〉（サッカー）
4．갑자기（急に）
5．국밥（クッパ（スープご飯））
6．숟가락（スプーン）
7．합격〈合格〉（合格）
8．낙지（手長ダコ）
9．옷과（服と）
10．역사〈歷史〉（歴史）
11．팥빙수（パッピンス（韓国風かき氷））
12．꽃도（花も）

🔊)) **練習 6** **発音された音を書き取ってみよう（それぞれ2回ずつ発音されます）。**
1-35

1．＿＿＿＿＿＿　2．＿＿＿＿＿＿　3．＿＿＿＿＿＿　4．＿＿＿＿＿＿

5．＿＿＿＿＿＿　6．＿＿＿＿＿＿　7．＿＿＿＿＿＿　8．＿＿＿＿＿＿

発音変化② (連音化、鼻音化1、激音化1・2)

　母音と子音の発音の基礎は、第5課までで一通り学んだ。第6課と第7課では、子音が連続して発音される際の音変化(同化)について集中的に学ぶことにする。

6.1. 連音化

　終声の後に母音から始まる音節が続く時(文字上では、ㅇ＝ゼロ子音字が続く時)、前の終声は次の音節の初声として発音される。これを「連音化」という。連音化する際は、終声としての音価(終声規則)は失われ、**初声としての音価が現れる**ことに注意。

$$[子音＋母音＋子音] ＋ [ㅇ ＋母音(＋子音)]$$
$$\text{(終声)}$$
$$→ [子音＋母音　　　] ＋ [子音＋母音(＋子音)]$$
$$\text{(初声)}$$

🔊》 단어 [다너／tanɔ] 〈單語〉(単語)　　발음 [바름／paɾɯm] 〈發音〉(発音)
1-36　밭에 [바테／patʰe] (畑に)　　이것은 [이거슨／igɔsɯn] (これは)

　以下の点にも注意すること。
▶パッチムㄱ、ㄷ、ㅂ、ㅈが連音化する際には、**有声音化**する。
　국어 [구거／kugɔ] 〈國語〉(国語)　　낮에 [나제／nadʒe] (昼に)
▶同じ子音字から成る二重パッチムは、パッチム全体が濃音として連音する。
　있어요 [이써요／iˀsɔjo] (あります)　　밖에 [바께／paˀke] (外に)
▶異なる子音字から成る二重パッチムは、左側の子音は終声として残り、**右側の子音が連音**する。
　닮아서 [달마서／talmasɔ] (似て)　　밟으면 [발브면／paɾbɯmjɔn] (踏めば)
▶連音した結果、**濃音化**が起こることがある。
　값이 [갑시／kapʃi → 갑씨／kapˀʃi] (値段が)
▶パッチムがㅇである時は、ㅇ＋ㅇの発音になり、次の音節の初声に**鼻濁音**(鼻にかかったが行音)が現れる。
　종이 [종이／tʃoŋi] (紙)　　강아지 [강아지／kaŋadʒi] (子犬)

練習 1 読んでみよう。

1-37

1. 번역〈飜譯〉（翻訳）
2. 일요일〈日曜日〉（日曜日）
3. 외국인〈外國人〉（外国人）
4. 잎이（葉が）
5. 맞은편（向かい側）
6. 꽃을（花を）
7. 닫아서（閉めて）
8. 편의점〈便宜店〉（コンビニ）
9. 음악을〈音樂-〉（音楽を）
10. 삼월에〈三月-〉（3月に）
11. 평양〈平壤〉（平壌）
12. 먹었어요（食べました）
13. 젊은이（若者）
14. 앉으세요（お座りください）

6.2. 鼻音化１ －口音の鼻音化－

　口音の終声 [ᵖ]、[ᵗ]、[ᵏ] に鼻音ㄴ、ㅁが続くと、先行する終声は、**対応する鼻音として発音**される。これを「口音の鼻音化」という。

$$\underline{[ᵖ]、[ᵗ]、[ᵏ]} \quad + \quad \underline{ㄴ、ㅁ}$$
（終声＝口音）　　　（初声＝鼻音）

$$→ \quad \underline{ㅁ、ㄴ、ㅇ} \quad + \quad ㄴ、ㅁ$$
（終声＝鼻音）

봅니다 [봄니다／pomnida]（見ます）　　듣는 [든는／tɯnnɯn]（聞く〜）

1-38 작년 [장년／tʃaŋnjɔn]〈昨年〉（昨年）

練習 2 読んでみよう。

1-39

1. 입문〈入門〉（入門）
2. 먹는（食べる〜）
3. 받니？（受け取るのか）
4. 국민〈國民〉（国民）
5. 밥만（ご飯だけ）
6. 국물（汁物）
7. 앞날（将来）
8. 백만원〈百萬-〉（100万ウォン）
9. 빗물（雨水）
10. 입맛（食欲）
11. 국내선〈國內線〉（国内線）
12. 끝나다（終わる）
13. 없네（ないね）
14. 옛날（昔）

※さらに複雑な鼻音化については、15.4. で学ぶ。

■ 6.3. 激音化1

口音の終声［ᵖ］、［ᵗ］、［ᵏ］に ㅎ が続くと、先行する終声が脱落し、ㅎ の位置にそれぞれの**終声に対応する激音**が現れる。これを「激音化」という。

```
        ［ᵖ］,［ᵗ］,［ᵏ］      ＋      ㅎ
        ────────────          ────
         (終声＝口音)            (初声)

   →      終声なし       ＋    ㅍ, ㅌ, ㅋ
                                ──────────
                                (初声＝激音)
```

◀)) 급행 ［그팽／kɯpʰɛŋ］〈急行〉(急行)
1-40 못하다 ［모타다／mo:tʰada］(できない)
　　 백화점 ［배콰점／pɛkʰwadʒɔm］〈百貨店〉(デパート)

◀)) **練習 3** 読んでみよう。
1-41
1．역할 〈役割〉(役割)　　　　　　　2．입학 〈入學〉(入学)
3．맏형 〈-兄〉(長兄)　　　　　　　4．복잡하다 〈複雑-〉(複雑だ)
5．잡히다 (捕まる)　　　　　　　　6．북한 〈北韓〉(北朝鮮 (韓国における呼称))
7．몇 학년 〈-學年〉(何年生)　　　　8．악화 〈惡化〉(悪化)
9．더럽혔다 (汚した)　　　　　　　10．따뜻하다 (暖かい)
11．국회 〈國會〉(国会)　　　　　　12．몇 호실 〈-號室〉(何号室)

■ 6.4. 激音化2

パッチム ㅎ の後に平音 ㄱ、ㄷ、(ㅂ、) ㅈ が続く場合も先行するパッチムが脱落し、平音の位置にそれぞれ対応する激音が現れる。

```
        パッチム ㅎ   ＋   ㄱ, ㄷ, (ㅂ,) ㅈ
                            ──────────────
                             (初声＝平音)

   →      終声なし    ＋    ㅋ, ㅌ, (ㅍ,) ㅊ
                            ──────────────
                             (初声＝激音)
```

◀)) 좋고 ［조코／tʃokʰo］(良くて)　　좋다 ［조타／tʃotʰa］(良い)
1-42 좋지 ［조치／tʃotʃʰi］(良いよね)

なお、先行するパッチムが ㄶ、ㅀ である場合は、左側の子音字が終声として発音された後、激音化が起こる。

잃고 [**일코**／ilkʰo]（失って）　　잃다 [**일타**／iltʰa]（失う）
잃지 [**일치**／iltʃʰi]（失うよね）

🔊 練習 4 読んでみよう。
1-43
1. 빨갛다（赤い）　　－ 빨갛고（赤くて）　　－ 빨갛지（赤いよね）
2. 파랗다（青い）　　－ 파랗고（青くて）　　－ 파랗지（青いよね）
3. 그렇다（そうだ）　－ 그렇고（そうで）　　－ 그렇지（そうだよね）
4. 동그랗다（丸い）　－ 동그랗고（丸くて）　－ 동그랗지（丸いよね）
5. 많다（多い）　　　－ 많고（多くて）　　　－ 많지（多いよね）

🔊 練習 5 発音された音を書き取ってみよう（それぞれ2回ずつ発音されます）。
1-44

1. ＿＿＿＿＿＿＿　2. ＿＿＿＿＿＿＿　3. ＿＿＿＿＿＿＿　4. ＿＿＿＿＿＿＿

5. ＿＿＿＿＿＿＿　6. ＿＿＿＿＿＿＿　7. ＿＿＿＿＿＿＿　8. ＿＿＿＿＿＿＿

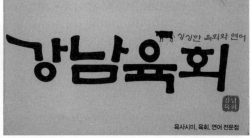

第7課 発音変化③（口蓋音化、流音化、ㅎの弱化）

7.1. 口蓋音化

パッチムㄷ、ㅌの後に 이 が続く場合、디、티ではなく、지、치という音により連音する。これを「口蓋音化」という（지は有声音化することにも注意）。

$$
\begin{array}{ccc}
\text{ㄷ, ㅌ} & + & \text{이} \\
\text{(パッチム)} & & \\
\to \quad \text{終声なし} & + & \text{지, 치} \\
& & \text{(初声＝口蓋音)}
\end{array}
$$

🔊 1-45 　굳이 [구지／kudʒi]（あえて）　　밑이 [미치／mitʃʰi]（下が）

口蓋音化が起こるのは、あくまで後に 이 が続く場合だけである。이以外の母音が続く際には、6.1. で学んだ通常の連音化規則が適用される。

　　밑에 [미테／mitʰe]（下に）

🔊 1-46 **練習 1 読んでみよう。**

1. 미닫이（引き戸）
2. 밭이（畑が）
3. 곧이（まっすぐに）
4. 끝이（終わりが）
5. 같이（一緒に）
6. 햇볕이（太陽の光が）
7. 해돋이（日の出）
8. 샅샅이（くまなく）

7.2. 流音化

①終声ㄴの後にㄹが続く場合、あるいは、②終声ㄹの後にㄴが続く場合、どちらもㄴがㄹに変わり、ㄹㄹ［ll］により発音される。これを「流音化」という。

$$
\begin{array}{c|c}
① \quad \underline{\text{ㄴ}} + \text{ㄹ} & ② \quad \text{ㄹ} + \underline{\text{ㄴ}} \\
\to \quad \underline{\text{ㄹ}} + \text{ㄹ} & \to \quad \text{ㄹ} + \underline{\text{ㄹ}} \\
\text{(終音＝流音)} & \text{(初音＝流音)}
\end{array}
$$

🔊 1-47　편리 [펄리／pʰjɔlli]〈便利〉（便利）　　설날 [설랄／sɔ:llal]（正月）

🔊 1-48　練習 **2** **読んでみよう。**

1．인류〈人類〉（人類）　　　　　　2．신라〈新羅〉（新羅）
3．오늘날（こんにち）　　　　　　4．실내〈室内〉（室内）
5．원래〈元來〉（元々）　　　　　　6．연락〈連絡〉（連絡）
7．칠년〈七年〉（7年）　　　　　　8．전라도〈全羅道〉（全羅道）
9．관련〈關聯〉（関連）　　　　　　10．일년〈一年〉（1年）

■ 7.3. ㅎの弱化

　子音字ㅎは、語頭では [h] の音価を持つが、語中では弱化して**ほとんど聞こえなくなる**ことがある（これを発音記号では、[ɦ] と表記する）。特にパッチムㅁ、ㄴ、ㅇ、ㄹの後にㅎが続いた時には、前のパッチムがㅎの位置に移って発音される。

만화 [ma:nɦwa → **마놔**／ma:nwa]〈漫畵〉（漫画）
말씀하시다 [ma:lˀsumɦaʃida → 말쓰**마**시다／ma:lˀsumaʃida]（おっしゃる）

　ただし、ㅇ＋ㅎの場合は、ㅇ＋ㅇの発音になる。

영화 [jɔŋɦwa → **영와**／jɔŋwa]〈映畵〉（映画）

　なお、子音字ㅎがパッチムとして用いられ、後に初声ㅇ（ゼロ子音）が続く場合も、連音化した後でやはり弱化するため、結果として、ほとんど聞こえなくなってしまう。

좋아요 [조하요／tʃoɦajo]（いいです）　※ほぼ [**조아**요／tʃoajo] と発音。
싫어요 [실허요／ʃilɦɔjo → **시러**요／ʃilɔjo]（嫌です）

🔊 1-49　練習 **3** **読んでみよう。**

1．올해（今年）　　　　　　　　　2．열심히〈熱心-〉（一生懸命）
3．안녕히〈安寧-〉（元気に）　　　　4．놓으면（置けば）
5．문학〈文學〉（文学）　　　　　　6．말하다（話す）
7．성함〈姓銜〉（お名前）　　　　　8．삼호선〈三號線〉（（地下鉄）3号線）
9．신호등〈信號燈〉（信号）　　　　10．넣어요（入れます）
11．결혼하다〈結婚-〉（結婚する）　 12．무궁화〈無窮花〉（むくげ（韓国の国花））
13．잃어버리다（なくす）　　　　　14．많이（たくさん）

37

🔊 **練習 4** 発音された音を書き取ってみよう（それぞれ２回ずつ発音されます）。
1-50

1. _____　　2. _____　　3. _____　　4. _____

5. _____　　6. _____　　7. _____　　8. _____

+α
日本語のハングル表記

日本語の50音のハングル表記は、以下の表のようになる。

仮名		ハングル	仮名		ハングル
ア イ ウ エ オ		아 이 우 에 오	ガ ギ グ ゲ ゴ		가 기 구 게 고
カ キ ク ケ コ	語頭	가 기 구 게 고	ザ ジ ズ ゼ ゾ		자 지 즈 제 조
	語中	카 키 쿠 케 코	ダ ヂ ヅ デ ド		다 지 즈 데 도
サ シ ス セ ソ		사 시 스 세 소	バ ビ ブ ベ ボ		바 비 부 베 보
タ チ ツ テ ト	語頭	다 지 쓰 데 도	パ ピ プ ペ ポ		파 피 푸 페 포
	語中	타 치 쓰 테 토	キャ キュ キョ	語頭	갸 규 교
ナ ニ ヌ ネ ノ		나 니 누 네 노		語中	캬 큐 쿄
ハ ヒ フ ヘ ホ		하 히 후 헤 호	ギャ ギュ ギョ		갸 규 교
マ ミ ム メ モ		마 미 무 메 모	シャ シュ ショ		샤 슈 쇼
ヤ ユ ヨ		야 유 요	ジャ ジュ ジョ		자 주 조
ラ リ ル レ ロ		라 리 루 레 로	チャ チュ チョ	語頭	자 주 조
ワ ヲ		와 오		語中	차 추 초
ン ッ		ㄴ ㅅ	ニャ ニュ ニョ		냐 뉴 뇨
			ヒャ ヒュ ヒョ		햐 휴 효
			ビャ ビュ ビョ		뱌 뷰 뵤
			ピャ ピュ ピョ	語頭	뱌 뷰 뵤
				語中	퍄 퓨 표
			ミャ ミュ ミョ		먀 뮤 묘
			リャ リュ リョ		랴 류 료

以下の点に注意。

・「ッ」は、「ㅅ」、「ン」は「ㄴ」で書く。　例：**삿포로**（札幌）、**센다이**（仙台）
・清音（濁らない音）は、語頭では平音で、語中では激音で書く。
　　　　　　　　　　　　　　　例：**다마**（多摩）、**사이타마**（埼玉）

・濁音は、語頭でも語中でも平音で書く。　　　例：기후(岐阜)、도치기(栃木)

・「ザ行」の子音は、「ㅈ」で書く。　　　例：가나자와(金沢)

・「ウ段」の母音は、「ㅜ」、「エ段」の母音は「ㅔ」、「オ段」の母音は「ㅗ」で書く。

　　　　　　　　　　　　例：야마구치(山口)、시마네(島根)、나가노(長野)

　※ただし、ウ段であっても「ス、ツ、ズ、ヅ」は「스、쓰、즈、즈」のように「ㅡ」
　　をあてる。

・「ツ」は、「쓰」のほか、「쯔」(語頭)、「츠」(語中)で書くこともある。

　　　　　　　　　　　　　　例：마쓰모토／마츠모토(松本)

・長音は表記しない。　　　　　例：도쿄(東京)、교토(京都)

練習 次の日本の地名をハングルで書いてみよう。

1. 鳥取　　　　2. 渋谷　　　　3. 銀座　　　　4. 有楽町
5. 仙台　　　　6. 沖縄　　　　7. 神戸　　　　8. 宇都宮

コラム ◆ ５大姓と本貫

　日本人の名字の数は、30万種にも及ぶともいわれているが、韓国・朝鮮の姓は286ほどである。この中でも特に多いのは、김〈金〉、이/리〈李〉、박〈朴〉、최〈崔〉、정〈鄭〉の５つで、５大姓といわれる(中でも最も多いのは金氏で、韓国では約992万人、全体人口の21.6％ほどを占める)。ただし、姓は同じであっても、実際には「金海金氏」、「密陽朴氏」、「全州李氏」のように本貫(본관、姓の始祖の出身地)により、さらに細分化がされる。なお、李氏に対する音は、韓国では「이」、北朝鮮、中国(朝鮮族)では「리」となることに注意。

文字と発音の復習、挨拶ことば

▌8.1. 文字と発音の復習

ここでは、これまで7課にわたって学習してきた文字と発音の復習をしよう。

練習 1 読んでみよう。

1-51

1. 직업 〈職業〉(職業)
2. 축하하다 〈祝賀-〉(祝う)
3. 전화번호 〈電話番號〉(電話番号)
4. 깍두기 (カクテキ（大根のキムチ）)
5. 신뢰 〈信賴〉(信頼)
6. 한국말 〈韓國-〉(韓国語、朝鮮語)
7. 고양이 (猫)
8. 어떻게 (どのように)
9. 붙이다 (付ける)
10. 낳아요 (産みます)
11. 제육볶음 〈-肉-〉(豚肉炒め)
12. 십만원 〈十萬-〉(10万ウォン)
13. 꽃집 (花屋)
14. 스물네 살 (24歳)
15. 비슷하다 (似ている)
16. 조용히 (静かに)
17. 몇 년 〈-年〉(何年)
18. 첫사랑 (初恋)
19. 밟으면 (踏むと)
20. 끊다 ((電話を) 切る)

練習 2 発音変化に注意して読んでみよう。

(1) 동해물과 백두산이 마르고 닳도록
東海（日本海）の水と　白頭山が　乾き果て　磨り減る時まで
하느님이 보우하사 우리나라 만세
神が護り給う　我が国万歳
무궁화 삼천리 화려강산
むくげの花　三千里　華麗な山河
대한 사람 대한으로 길이 보전하세
大韓の人　大韓を永遠に守らん

(2) 아침은 빛나라 이 강산
朝は輝け　この山河
은금에 자원도 가득한
金銀に　資源も豊かに
삼천리 아름다운 내 조국
三千里　美しき　我が祖国
반만년 오랜 력사에
五千年の　長い歴史に　　　　(↗)

찬란한 문화로 자라난
燦爛たる文化で育った
슬기론 인민의 이 영광
賢い人民の　この栄光
몸과 맘 다 바쳐 이 조선 길이 받드세
身と心　全て捧げ　この朝鮮　永遠に奉じん

▍8.2. 挨拶ことば

　　知っておくと便利な挨拶ことばを紹介する。同じ挨拶であっても**かしこまった文体**と**打ち解けた文体**の２種類があることに注意（このページの下のコラム参照）。いずれもよく使われるものばかりなので、今の段階では文法的な分析はせず、そのまま覚えてしまおう。

1-52

		かしこまった丁寧体 (합니다体)	打ち解けた丁寧体 (해요体)
こんにちは おはようございます こんばんは		안녕하십니까?	안녕하세요?
初めまして		처음 뵙겠습니다.	―
（お会いできて）うれしいです		반갑습니다.	반가워요.
お久しぶりです		오래간만입니다.	오래간만이에요.
よろしくお願いします		잘 부탁합니다.	잘 부탁해요.
いらっしゃいませ		어서 오십시오.	어서 오세요.
ありがとうございます （ありがとうございました）	公式的な場面で	감사합니다.	―
	個人的な場面で	고맙습니다.	고마워요.
申し訳ありません		죄송합니다.	죄송해요.
ごめんなさい、すみません（謝る時）		미안합니다.	미안해요.
失礼します		실례합니다.	―
大丈夫です		괜찮습니다.	괜찮아요.
さようなら	去る人に	안녕히 가십시오.	안녕히 가세요.
	残る人に	안녕히 계십시오.	안녕히 계세요.

※表中の－欄は、一般に使われない表現。

コラム ◆ ２つの「です・ます体」

　　現代朝鮮語ソウル方言では、日本語の「～です・ます体」に相当する丁寧な文体として、かしこまった文体(합니다体)と、打ち解けた文体(해요体)の２種が多用されている。前者は公的場面や会議、講演、ニュースなどで多く使用され、硬い印象を与える一方で、後者は日常生活で多く使用され、柔らかい親しみのある印象を与える。本書では、합니다体は第11課で、해요体は第15～17課で学ぶ。

+α

朝日辞典の引き方

　朝日辞典(あるいは本国の国語辞典)の見出し語の探し方を紹介する。なお、ここで紹介する配列は韓国式で、北朝鮮では若干異なる。

① 初声の位置を探す。子音字(19)の配列は以下のとおり。

ㄱ ㄲ ㄴ ㄷ ㄸ ㄹ ㅁ ㅂ ㅃ ㅅ ㅆ ㅇ ㅈ ㅉ ㅊ ㅋ ㅌ ㅍ ㅎ

② 中声の位置を探す。母音字(21)の配列は以下のとおり。

ㅏ ㅐ ㅑ ㅒ ㅓ ㅔ ㅕ ㅖ ㅗ ㅘ ㅙ ㅚ ㅛ ㅜ ㅝ ㅞ ㅟ ㅠ ㅡ ㅢ ㅣ

③ 終声の位置を探す。子音字(27)の配列は以下のとおり。

ㄱ ㄲ ㄳ ㄴ ㄵ ㄶ ㄷ ㄹ ㄺ ㄻ ㄼ ㄽ ㄾ ㄿ ㅀ ㅁ ㅂ ㅄ ㅅ ㅆ ㅇ ㅈ ㅊ ㅋ ㅌ ㅍ ㅎ

練習 巻末の朝日索引を使って、次の単語の意味を調べてみよう。

(1) 나이　　　　　　(2) 소리
(3) 버리다　　　　　(4) 회의
(5) 취미　　　　　　(6) 관광
(7) 끝나다　　　　　(8) 열쇠
(9) 닮다　　　　　　(10) 없다

コラム ◆ 辞書の紹介

　第9課からは文法の学習が始まる。本テキストを学習するにあたっては辞書を用意する必要はないが、将来に備えて早い段階で1冊持っておくことを勧める。ここでは日朝辞典も含めて、おススメのものを何冊か紹介する(紙媒体のもののみ)。

▶**朝日辞典**
『韓日辞典』(小学館 、2018年)
『コスモス朝和辞典』(白水社、1991年)

▶**日朝辞典**
『デイリーコンサイス日韓辞典』(尹亭仁、三省堂、2009年)
『小学館日韓辞典』(油谷幸利、門脇誠一編集、小学館、2008年)

▶**朝日・日朝辞典 (コンパクトなもの)**
『身につく韓日・日韓辞典』(尹亭仁、三省堂、2014年)
『ポケットプログレッシブ 韓日・日韓辞典 第2版』(油谷幸利、松尾勇他、小学館、2013年)
『デイリーコンサイス韓日・日韓辞典』(尹亭仁、三省堂、2009年)

🔊 練習 3 発音変化に注意して読んでみよう。
1-53
1. 월요일에는 친구를 만나서 밥을 먹을 거예요.
2. 한국어와 일본어의 특징은 어미와 조사가 많다는 것이다.
3. 책을 읽으면서 커피를 마시고 있습니다.
4. 책상 위에 꽃과 연필과 필통이 있습니다.

🔊 練習 4 発音される文をよく聞いて、（　）の表記として適切なものを選びなさい。
1-54
1. 새로 (　) 학교는 복잡하지만 (　) 분위기예요.
   a. 입악한, 따드탄
   b. 잎카칸, 따틋한
   c. 임학한, 타뜨단
   d. 입학한, 따뜻한

2. 어제 산 사과는 (　)(　).
   a. 빨갛고, 맛있어요
   b. 팔칸고, 마싣떠요
   c. 발깐꼬, 마시쩌요
   d. 발가꼬, 맞있어요

3. (　) 실내에 아무도 (　).
   a. 후온내, 없덛떠요
   b. 원래, 없었어요
   c. 훨래, 없었어요
   d. 우온내, 없떠떠요.

4. 돈이 (　) 든 지갑을 (　)(　) 못 봐요.
   a. 만니, 잃어버려서, 여화를
   b. 많이, 일러버려서, 영화를
   c. 많이, 잃어버려서, 영화를
   d. 많이, 잃어버려서, 용화를

文法編

(第9課～第25課)

私がカラムです

제가 가람입니다.

  単語と表現

1-55

☐	**가수** 〈歌手〉	名歌手	☐	**운동** 〈運動〉	名運動 [〜**하다**]
☐	**게임** 〈game〉	名ゲーム	☐	**의사** 〈醫師〉	名医者
☐	**고향** 〈故郷〉	名出身、故郷	☐	**일본** 〈日本〉	名日本
☐	**공무원** 〈公務員〉	名公務員	☐	**저**	代私（わたくし）
☐	**교사** 〈教師〉	名教師	☐	**전공** 〈専攻〉	名専攻 [〜**하다**]
☐	**나**	代私（わたし）、僕	☐	**주부** 〈主婦〉	名主婦
☐	**대학생** 〈大學生〉	名大学生	☐	**중국** 〈中國〉	名中国
☐	**독서** 〈讀書〉	名読書 [〜**하다**]	☐	**집**	名家
☐	**미국** 〈美國〉	名アメリカ	☐	**취미** 〈趣味〉	名趣味
☐	**부산** 〈釜山〉	名釜山（地名）	☐	**친구** 〈親舊〉	名友達
☐	**사람**	名人、〜人（じん）	☐	**학생** 〈學生〉	名学生
☐	**서울**	名ソウル（地名）	☐	**한국** 〈韓國〉	名韓国
☐	**〜 씨**	名〜さん	☐	**혹시** 〈或是〉	副もしかして
☐	**〜어** 〈語〉	名〜語	☐	**회사원** 〈會社員〉	名会社員
☐	**요리** 〈料理〉	名料理 [〜**하다**]	☐		

※助詞は 9.1. を、応答／あいづち／話しかけは 9.4. を参照。

※品詞の略号については、p.193の朝日索引の凡例を参照。

※第2課のコラムで述べたように、本書では韓国の標準語を中心に学んでいくため、朝鮮民族の言語の総体としての「朝鮮語」に対しても便宜上、「**한국어**」〈韓國語〉との対訳を充てておくことにする。ただし、これは決して「**조선어**」〈朝鮮語〉という名称を排除するものではない。

※〜**하다**（〜する）をつけることにより動詞化することができる名詞には、[〜**하다**] と表示する。朝鮮語の動詞については、11.1. で学ぶ。

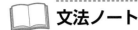 **文法ノート**

■ 9.1. ～は、～が［助詞（1）］

　朝鮮語にも日本語と同じく、体言について様々な文法的意味を表す助詞が存在する。この課では、「～は」、「～が」にあたる助詞を取り上げる。以下に示すように、<u>前につく体言の語末のパッチムの有無によって異なる助詞を用いる</u>が、パッチムありの体言につく場合は発音される際、連音化するので注意すること。

	～は	～が
パッチムなし体言	-는	-가
パッチムあり体言	-은	-이

※ただし、「私（わたくし）が」は저＋가→제가、「私（わたし）が、僕が」は나＋가→내가になる。

例 1. 독서 – 독서는／독서가
　　2. 회사원 – 회사원은／회사원이

1-56

練習 1 次の語に「～は」、「～が」をつけてみよう。
例：중국（中国）→중국은, 중국이

〈A〉
（1）한국（韓国）
（2）친구（友達）
（3）일본 사람（日本人）
（4）저／나（私（わたくし）／私（わたし）、僕）

〈B〉
（1）요리（料理）
（2）집（家）
（3）취미（趣味）
（4）고향（故郷）

9.2. ～です(か) [指定詞]

体言の後につく「～です(か)」という表現は、以下のようになる。やはりパッチムありの体言につく場合、連音化することに注意しよう。

	～です	～ですか
体言	-입니다	-입니까?

🔊 例1. 가수입니까? – 네, 가수입니다.
1-57　　2. 한국 사람입니까? – 네, 한국 사람입니다.

> ※朝鮮語の文は、日本語の文節(よ、ね、さを入れられる場所)に相当する単位ごとに区切って書く。これを「分かち書き」という。また、句読点には、「,」(コンマ)、「.」(ピリオド)を使う。また、疑問文の文末には、「?」をつける。

練習 2 質問とそれに「はい」で答える文を作ってみよう。
例：대학생 (大学生) → 대학생입니까? – 네, 대학생입니다.

〈A〉
（1）의사 (医者)
（2）게임 (ゲーム)
（3）친구 (友達)
（4）서울 (ソウル)

〈B〉
（1）운동 (運動)
（2）독서 (読書)
（3）집 (家)
（4）友達の名前 씨 (～さん)

9.3. 〜ではありません（か）［指定詞］

体言の後につく「〜ではありません（か）」という表現は、以下のようになる。

	〜ではありません	〜ではありませんか
パッチムなし体言	-가* 아닙니다	-가* 아닙니까?
パッチムあり体言	-이 아닙니다	-이 아닙니까?

🔊 교사 – 교사가 아닙니다 ／ 교사가 아닙니까?
1-58

학생 – 학생이 아닙니다 ／ 학생이 아닙니까?

★ 「-가／이」は、9.1.でみたように、元は「〜が」という意味の助詞である。

例1. 아라이 씨는 교사입니까? – 아뇨, 아라이 씨는 교사가 아닙니다.
　2. 아름 씨는 학생이 아닙니까? – 네, 아름 씨는 학생이 아닙니다.

練習3 質問とそれに答える文を作ってみよう。
例1：사사키 씨（佐々木さん）／대학생（大学生） – ［네］
　　→사사키 씨는 대학생입니까? – 네,（사사키 씨는）대학생입니다.

〈A〉
（1）유리 씨（由里さん）／주부（主婦） – ［네］
（2）기무라 씨（木村さん）／학생（学生） – ［네］

〈B〉
（1）다나카 씨（田中さん）／가수（歌手） – ［네］
（2）리진 씨（リジンさん）／중국 사람（中国人） – ［네］

例2：케이타 씨（慶太さん）／한국 사람（韓国人） – ［아뇨, 일본 사람（日本人）］
　　→케이타 씨는 한국 사람입니까?
　　　– 아뇨,（케이타 씨는）한국 사람이 아닙니다. 일본 사람입니다.

〈A〉
（1） 영민 씨 （ヨンミンさん） ／교사 （教師） － [아뇨, 학생 （学生）]
（2） 가람 씨 （カラムさん） ／공무원 （公務員） － [아뇨, 회사원 （会社員）]

〈B〉
（1） 마이클 씨 （マイケルさん） ／회사원 （会社員） － [아뇨, 의사 （医者）]
（2） 사토 씨 （佐藤さん） ／미국 사람 （アメリカ人） － [아뇨, 일본 사람 （日本人）]

練習 4 質問とそれに答える文を作ってみよう。
例： 마이 씨 （麻衣さん） ／고향 （故郷） ／도쿄 （東京）
　　　 － [아뇨, 교토 （京都）]

　　　 → 마이 씨는 고향이 도쿄입니까?
　　　 － 아뇨, （마이 씨는 고향이） 도쿄가 아닙니다. 교토입니다.

〈A〉
（1） 다로 씨 （太郎さん） ／취미 （趣味） ／운동 （運動）
　　　 － [아뇨, 독서 （読書）]
（2） 하나 씨 （ハナさん） ／전공 （専攻） ／일본어 （日本語）
　　　 － [아뇨, 중국어 （中国語）]

〈B〉
（1） 아름 씨 （アルムさん） ／고향 （故郷） ／서울 （ソウル）
　　　 － [아뇨, 부산 （釜山）]
（2） 이토 씨 （伊藤さん） ／집 （家） ／도쿄 （東京）
　　　 － [아뇨, 요코하마 （横浜）]

コラム ◆ 音の高低

　日本語（標準語）では、「雨」と「飴」は同音異義語で、それぞれ「高低」、「低高」という発音により意味が弁別されるが、朝鮮語（ソウル方言）にはこのような音の高低による意味の弁別が存在しない。とはいえ、文レベルにおいては自然な音の高低が存在するので、発音練習の際には、どこが高くて低いのかを意識して練習するようにしたい。大まかな目安として、以下のような規則を知っておくとよいだろう。
　▶ ㄱ, ㄷ, ㅂ, ㅈ から始まる文節は、低く始まる。
　▶ 激音（ㅋ, ㅌ, ㅍ, ㅊ, ㅎ）、濃音（ㄲ, ㄸ, ㅃ, ㅆ, ㅉ）・ㅅ から始まる文節は、高く始まる。

9.4. 応答、あいづち、話しかけ

円滑なコミュニケーションを行なうため、応答のことばやあいづちは重要である。ここでは、基本的なものをいくつか紹介する。どれもよく使われるものばかりなので、今の段階では文法的な分析はせず、そのまま覚えてしまおう。

1-59

	かしこまった丁寧体	打ち解けた丁寧体
はい	예.	네.
はい？（聞き返す時）	예?	네?
いいえ	아뇨.	
いいえ（謙遜、遠慮する時）	아닙니다.	아니에요.
あ、はい	아, 예.	아, 네.
そうです	그렇습니다.	그래요.
そうですか	그렇습니까?	그래요?
その通りです	맞습니다.	맞아요.
承知しました、わかりました	알겠습니다.	알겠어요.

また、話しかける時には、以下のような表現を使う。

あのー	저-.
あのー、もしかして…	저-, 혹시….
えーっと…／すみません…	저기-….
すみません	여기요./저기요.
有紀さん！	유키 씨!
もしもし（電話）	여보세요.

会話しよう

1-60

韓国に留学に来た日本人の有紀さんが、空港でチューターのカラムさんと出会います。

가람：① 저기요-. 저-, 혹시 유키 씨가 아닙니까?

유키：② 네, 맞아요.

가람：③ 제가 가람입니다. 처음 뵙겠습니다.

유키：④ 아, 가람 씨! 안녕하세요? 반갑습니다.

⑤ 가람 씨는 전공이 한국어입니까?

가람：⑥ 네, 한국어입니다. 잘 부탁합니다.

〈発音ピックアップ〉

①혹시 [혹씨] 아닙니까? [아님니까]

②맞아요 [마자요]

③가람입니다 [가라밈니다] 뵙겠습니다 [뵙께씀니다]

④안녕하세요? [안녕아세요] 반갑습니다 [반갑씀니다]

⑤전공이 [전공이] 한국어입니까? [한구거임니까]

⑥한국어입니다 [한구거임니다] 부탁합니다 [부타캄니다]

コラム ◆ 日本⇔韓国のアクセス

　韓国行きの国際線(국제선)は日本各地から就航しており、日本航空、全日空、大韓航空(대한항공)、アシアナ航空(아시아나항공)など大手の航空会社のほか、最近ではpeach、済州航空(제주항공)、イースター航空(이스타항공)、ジンエアー(진에어)などLCC(저가항공)の就航も多くなっている。東京－ソウル便に関していえば、羽田とは金浦(김포)を、成田とは仁川(인천)を結ぶ便が多い。また、飛行機(비행기)だけでなく、大阪や福岡、下関からは釜山へのフェリーも就航している。時期によっては国内線(국내선)より安くチケット(비행기표)が買えるので、気軽に韓国旅行の計画(계획)を立ててみてほしい。

✏️ 書いてみよう

（1）こんにちは。私が鈴木です。

（2）太郎さんは、専攻が日本語ですか。

（3）アルム(아름)さんは大学生ではありません。

（4）あのー、もしかして田中さんは歌手ではありませんか。

❗ 伝えよう

故郷（出身地）／住んでいるところについて話してみよう。

Q：_____ 는/은 _____ 가/이 _____ 입니까?

A1：네, _____ 는/은 _____ 가/이 _____ 입니다.

A2：아뇨, _____ 는/은 _____ 가/이 _____ 가/이 아닙니다.

_____ 입니다.

🔵 単語バンク（職業、身近なもの１）

간호사〈看護師〉（看護師）　공무원〈公務員〉（公務員）　경찰〈警察〉（警察）

사진가〈写真家〉（写真家）　요리사〈料理師〉（調理師）

공책〈空册〉（ノート）　펜〈pen〉（ペン）　시계〈時計〉（時計）

휴대폰〈携帯phone〉（携帯電話）　냉장고〈冷蔵庫〉（冷蔵庫）

10月9日、ハングルの日です
10월9일, 한글날입니다.

  単語と表現

1-61

☐	교과서〈教科書〉	名教科書	☐	어디	疑どこ
☐	~교시〈校時〉	名~限、時間目	☐	언제	疑いつ
☐	그런데	接ところで	☐	영화〈映畵〉	名映画
☐	~년〈年〉	名~年（ねん）	☐	~원	名~ウォン(貨幣単位)
☐	대학교〈大學校〉	名大学	☐	~월〈月〉	名~月（がつ）
☐	도서관〈圖書館〉	名図書館	☐	~일〈日〉	名~日（にち）
☐	며칠	名何日	☐	전화〈電話〉	名電話［~하다］
☐	몇	疑いくつ、何	☐	~주일〈週日〉	名~週間
☐	무엇	疑何	☐	책〈冊〉	名本
☐	번호〈番號〉	名番号	☐	~층〈層〉	名~階
☐	~분〈分〉	名~分	☐	~학년〈學年〉	名~年生
☐	생일〈生日〉	名誕生日	☐	한글날	名ハングルの日（10月9日）
☐	식당〈食堂〉	名食堂	☐		

☐	일요일〈日曜日〉	名日曜日	☐	목요일〈木曜日〉	名木曜日
☐	월요일〈月曜日〉	名月曜日	☐	금요일〈金曜日〉	名金曜日
☐	화요일〈火曜日〉	名火曜日	☐	토요일〈土曜日〉	名土曜日
☐	수요일〈水曜日〉	名水曜日	☐		

※漢数詞は、10.1. を参照。
※指示連体詞／指示代名詞（こ～、そ～、あ～、ど～）は、10.3. を参照。
※2019年5月現在、概ね1円＝10（韓国）ウォンに相当。

📖 文法ノート

▌10.1. 1、2、3… ［漢数詞］

日本語の1、2、3…にあたる漢字語由来の数詞を「漢数詞」という。

1-62

0	1	2	3	4	
영, 공	일	이	삼	사	
5	6	7	8	9	10
오	육	칠	팔	구	십

　零（ゼロ）を表す朝鮮語には、**영**〈零〉と**공**〈空〉の2つがあるが、後者は電話番号を言う時によく使われる。また、11以降は日本語と同じ要領で言えばよい（例えば、27であれば、「二」「十」「七」＝이십칠のように言う）。「〜十一〜」-십일 ［**시빌**］、「〜十二〜」-십이- ［**시비**］、「〜十五〜」-십오- ［**시보**］は連音化することに注意。なお、「〜十六〜」の場合は、-십육-が ［시뷱×］ ではなく、［**심늌**］という発音になるので、注意。

11	12	13	14	15
십일 [시빌]	십이 [시비]	십삼 [십쌈]	십사 [십싸]	십오 [시보]
16	17	18	19	20
십육 [심늌]	십칠	십팔	십구 [십꾸]	이십
21	22	23	24	25
이십일 [이시빌]	이십이 [이시비]	이십삼 [이십쌈]	이십사 [이십싸]	이십오 [이시보]
26	27	28	29	30
이십육 [이심늌]	이십칠	이십팔	이십구 [이십꾸]	삼십

漢数詞とともに使われる助数詞（単位名詞）には、以下のようなものがある。
　주일(週間)、**분**(分)、**교시**(限)、**층**(階)、**학년**(年生)、**원**(ウォン)
　（漢数詞と助数詞(単位名詞)の間は、基本的に分かち書きすることに注意）

練習 **1** 次の数字を朝鮮語で言ってみよう。

例：32 → 삼십이

〈A〉

(1) 60　　　　　　　(2) 54　　　　　　　(3) 91
(4) 18　　　　　　　(5) 76　　　　　　　(6) 82

〈B〉

(1) 69　　　　　　　(2) 20　　　　　　　(3) 75
(4) 47　　　　　　　(5) 53　　　　　　　(6) 36

また、100、1,000、10,000は、次のようにいう。

100	1,000	10,000
백	천	만

　10,000は、「일만」(一万) ではなく、「만」(万) ということに注意。さらに、「～百六～」、「～千六～」、「～万六～」は、-백육-、-천육-、-만육-が、それぞれ [**뱅뉵**]、[**천뉵**]、[**만뉵**] と発音される。

例：2,600　이천육백 [이천**뉵**빽]

練習 **2** 次の数字を朝鮮語で言ってみよう。

例：673 → 육백칠십삼

〈A〉

(1) 130　　　　　　(2) 642　　　　　　(3) 1,376
(4) 8,902　　　　　(5) 12,538　　　　　(6) 35,726

〈B〉

(1) 875　　　　　　(2) 901　　　　　　(3) 2,435
(4) 72,600　　　　　(5) 91,467　　　　　(6) 18,904

▌10.2. ～年～月～日～曜日

　10.1. でみたように漢数詞の後には、様々な助数詞(単位名詞)が用いられるが、ここでは、特に年月日の表現を練習する。文字と発音の違いに注意して、発音してみよう。

🔊)) ・年（漢数詞＋년）
1-63
천구백구십오년　천구백구십육년　천구백구십칠년　천구백구십팔년
천구백구십구년　이천년　이천일년　이천이년　이천삼년…
이천십팔년　이천십구년　이천이십년　이천이십일년　이천이십이년…

・月（漢数詞＋월）　★6月「유월」（×육월）、10月「시월」（×십월）に注意。
일월　이월　삼월　사월　오월　유월　칠월　팔월　구월　시월
십일월　십이월

・日（漢数詞＋일）
일일　이일　삼일　사일　오일　육일　칠일　팔일　구일　십일
십일일　십이일　십삼일　십사일　십오일　십육일　십칠일　십팔일
십구일　이십일　이십일일　이십이일　이십삼일　이십사일　이십오일
이십육일　이십칠일　이십팔일　이십구일　삼십일　삼십일일

・曜日（～요일）
일요일　월요일　화요일　수요일　목요일　금요일　토요일

「何月何日」は、「몇 월 며칠」という。「×몇일」ではないので注意すること。

> ※「数字＋年月日」の発音が難しければ、初めのうちは、1文字1文字を丁寧に発音して
> も構わない。数字がしっかりと伝わるように練習しよう。
>
> ※本来、年月日を表す表現は、천 구백 구십오 년（1995年）のように分かち書きをする
> のが原則であるが、本書では紙面の関係上、一部、分かち書きをせずに表記していると
> ころがある。

練習 3 次の日付や曜日を朝鮮語で言ってみよう。
例：2012年9月25日
　　→몇 월 며칠입니까？ － 이천십이 년 구 월 이십오 일입니다.

〈A〉
（1）5月4日　　　　　　　　　　　（2）3月8日 木曜日
（5）1999年7月26日　　　　　　　（4）2020年10月13日

〈B〉
（1）9月2日　　　　　　　　　　　（2）11月30日 日曜日
（3）2005年6月1日　　　　　　　（4）自分の誕生日（年月日）

練習 4 朝鮮語で言ってみよう。

例：3限（4限）

　　→삼 교시입니까? – 아뇨, 삼 교시가 아닙니다. 사 교시입니다.

〈A〉

（1）10階（11階）　　　　　　　　（2）58,000ウォン（59,000ウォン）

（3）4週間（2週間）　　　　　　　（4）1限（2限）

（5）3年生（2年生）　　　　　　　（6）27分（16分）

〈B〉

（1）5限（4限）　　　　　　　　　（2）60,900ウォン（60,800ウォン）

（3）4年生（3年生）　　　　　　　（4）32階（31階）

（5）59分（58分）　　　　　　　　（6）6週間（7週間）

10.3. こ〜、そ〜、あ〜、ど〜 ［指示連体詞／指示代名詞］

日本語の「こ〜、そ〜、あ〜、ど〜」にあたる表現は、以下のようになる。

この〜	その〜	あの〜	どの〜
이 〜	그 〜	저 〜	어느 〜
これ	それ	あれ	どれ
이것	그것	저것	어느 것
ここ	そこ	あそこ	どこ
여기	거기	저기	어디

※「昨日、会ったあの人」など、話し手同士が了解している事物、人物を指す「あの〜、あれ、あそこ」は、저 〜、저것、저기ではなく그 〜、그것、거기を用いる。

　例：그 사람은 공무원이 아닙니다. 대학생입니다.

※「この〜、その〜、あの〜、どの〜」は、後にくる名詞との間で分かち書きをするので注意。　例：その人：그사람（×）→ 그 사람（○）

※ただし、「こちら、そちら、あちら、どちら」は「이쪽、그쪽、저쪽、어느 쪽」、「この方、その方、あの方、どの方」は「이분、그분、저분、어느 분」となる（下線は1単語と認識されるため、分かち書きされない）。

例1. 어느 것이 한국어 교과서입니까? ‒ 이것이 한국어 교과서입니다.
　2. 여기가 도서관입니까?
　　　‒ 아뇨, 여기는 도서관이 아닙니다. 도서관은 저기입니다.

練習 5 朝鮮語に訳してみよう（数字もハングルで書くこと）。
〈A〉
（1）どの大学ですか。
　　　‒ ソウル大学です。
（2）この本は36,000ウォンですか。
　　　‒ いいえ、その本は36,000ウォンではありません。
（3）どれですか。あれですか。
　　　‒ はい、あれです。　［遠くにあるものを指さして言う場合］

〈B〉
（1）ここが食堂ですか。
　　　‒はい、そうです。ここが食堂です。
（2）あの映画ですか。
　　　‒いいえ、あの映画ではありません。この映画です。
　　　　［お互いに知っている映画について言う場合］

+α
助詞「～の」

朝鮮語にも日本語の助詞「～の」にあたる「～의」(発音は［에］)が存在する。
　　한국의 역사　　　선생님의 가방
　　韓国 の 歴史　　　先生　の かばん

ところが、この助詞は以下のように現れない場合も多い。
　책상 위(机の上)［位置］
　중국어 선생님(中国語の先生)［種類］
　다음 주 월요일(来週の月曜日)［時を表す語］

なお、「私の～」は、「저의 ～／나의 ～」よりは「제 ～／내 ～」という形が多く用いられる。

会話しよう

1-65

カラムさんと有紀さんが、キャンパスを歩きながら話しています。

가람 : ① 유키 씨 생일은 몇 월 며칠입니까?

유키 : ② 1월10일입니다.

③ 가람 씨는 언제입니까?

가람 : ④ 저는 10월 9일, 한글날입니다.

유키 : ⑤ 아, 그래요? 그런데 가람 씨, 저것은 무엇입니까?

가람 : ⑥ 저것은 도서관입니다.

〈発音ピックアップ〉
①생일은 [생이른] 몇 월 며칠입니까? [며둴며치림니까]
②1월10일입니다 [이뤌시비림니다]
③언제입니까 [언제임니까]
④10월 [시월] 한글날입니다 [한글라림니다]
⑤저것은 [저거슨] 무엇입니까? [무어심니까]
⑥도서관입니다 [도서과님니다]

コラム ◆ 韓国の国民の祝日

韓国の国民の祝日(공휴일〈公休日〉)には、以下のような日がある。

1월 1일 : 양력설(陰暦の正月)	3월 1일 : 3·1절(3・1節)
5월 5일 : 어린이날(こどもの日)	6월 6일 : 현충일(顕忠日)※1
8월 15일 : 광복절(光復節)※2	10월 3일 : 개천절(開天節)※3
10월 9일 : 한글날(ハングルの日)	12월 25일 : 성탄절(クリスマス)

※1 顕忠日：殉国者と戦没将兵を追悼する日。
※2 光復節：日本による植民地支配からの解放を記念する日。
※3 開天節：檀君が朝鮮を建国したことを記念する日（檀君神話に基づく）。

なお、설날(正月：旧暦の12/31〜1/2)、석가탄신일(仏誕節：旧暦の4/8)、추석(秋夕：旧暦の8/14〜16)は、旧暦で祝う。

書いてみよう （数字もハングルで書くこと）

（1）ヨンミン(영민)さんの誕生日は、1998年6月29日です。

（2）吉田さんの電話番号は、010-6497-5832です。

（3）その本は10,000ウォンではありません。

（4）すみません。あそこが図書館ですか。

伝えよう

自己紹介をしてみよう。

（名前以外の個人情報に関しては、必ずしも実際の内容を言わなくてもよい）

안녕하십니까?　제 이름은 ＿＿＿＿＿＿입니다.
　　　　　　　　　私の名前

고향은 ＿＿＿＿＿＿입니다.　집은 ＿＿＿＿＿＿입니다.

제 생일은 ＿＿＿＿＿＿＿ 년 ＿＿＿＿＿＿ 월 ＿＿＿＿＿＿ 일입니다.

전화번호는 ＿＿＿＿＿＿ ＿＿＿＿＿＿의 ＿＿＿＿＿＿입니다.
　　　　　　　　　　　　　　　　　　　～の

（何か自分のものを指さしながら）아, 이것은 제 ＿＿＿＿＿＿입니다.

잘 부탁합니다.

● 単語バンク （時を表す語）

그저께 （おととい）　어제 （昨日）　오늘 （今日）　내일〈來日〉（明日）　모레 （あさって）

지난주〈-週〉(先週)＊　이번 주〈-週〉(今週)＊　다음 주〈-週〉(来週)＊

지난달 (先月)＊　이번 달 (今月)＊　다음 달 (来月)＊

작년〈昨年〉(去年)＊　올해 (今年)　내년〈來年〉(来年)＊

봄 (春)＊　여름 (夏)＊　가을 (秋)＊　겨울 (冬)＊

（＊は助詞-에を伴う名詞類。詳しくは 16.3. で後述）

学生食堂で昼ご飯を食べますか
学生 식당에서 점심을 먹습니까?

 単語と表現

1-66

☐	가다	動行く		☐	안 ~	副~ない
☐	가르치다	動教える		☐	앉다	動 座る
☐	값	名値段		☐	없다	存ない、いない
☐	공부 〈工夫〉	名勉強 [~하다]		☐	오늘	名今日
☐	듣다	動聞く		☐	오다	動来る
☐	마시다	動飲む		☐	음악 〈音樂〉	名音楽
☐	많다	形多い		☐	의자 〈椅子〉	名椅子
☐	먹다	動食べる		☐	이야기	名話 [~하다]
☐	받다	動受け取る、もらう		☐	읽다	動読む
☐	방 〈房〉	名部屋		☐	있다	存ある、いる
☐	배우다	動習う		☐	작다	形小さい
☐	보다	動見る		☐	점심 〈點心〉	名昼ご飯
☐	비빔밥	名ビビンバ		☐	주다	動あげる、くれる
☐	비싸다	形（値段が）高い		☐	주스 〈juice〉	名ジュース
☐	선생님 〈先生-〉	名先生		☐	크다	形大きい
☐	싸다	形安い		☐	하다	動する
☐	쓰다	動書く		☐	학교 〈學校〉	名学校

※助詞は、11.3. を参照。
※-이다 指~だ、である、아니다 指~ではない

 **文法ノート**

11.1. 用言の活用

　この課からは、用言の活用について学んでいく。ここでは、それに先立って活用の原理について簡単に整理しておくことにしよう。

■**用言**

　日本語では**用言**といえば、動詞、形容詞（イ形容詞）、形容動詞（ナ形容詞）の３つの品詞を指すが、朝鮮語の**用言**は、動詞、形容詞、存在詞、指定詞の４つの品詞を指す。それぞれ以下のようなものである。

- ・動詞　　… 가다（行く）、오다（来る）、먹다（食べる）、읽다（読む）など
- ・形容詞 … 싸다（安い）、비싸다（高い）、크다（大きい）、작다（小さい）など
- ・存在詞 … 있다（ある／いる）、없다（ない／いない）など
- ・指定詞 … －이다（～だ、である）、아니다（～ではない）の２語のみ

■**語幹＋語尾類**

　朝鮮語の用言は品詞が何であるかに関わらず、**基本形**（＝辞書に登録されている形）がすべて「－다」で終わっている。この基本形から「－다」を取り除いた部分を**語幹**といい、語幹に様々な語尾類が結びつくことを**活用**という。

（基本形）　　　（語幹）

오다 → 오 ＋ 語尾類

비싸다 → 비싸 ＋ 語尾類

■**母音語幹用言、子音語幹用言**

　語幹の末尾に<u>パッチムがない</u>用言を**母音語幹用言**、<u>パッチムがある</u>用言を**子音語幹用言**という。

（基本形）　　（語幹）

가다 → 가 ＋ 語尾類
　　　　［母音語幹］

먹다 → 먹 ＋ 語尾類
　　　　［子音語幹］

練習 1 以下は第11課の新出単語である。それぞれの（1）意味、（2）品詞、（3）語幹の種類（母音語幹か子音語幹か）を考えて表を埋めてみよう。

> 먹다 가다 크다 하다 많다 이다 있다
> 싸다 앉다 배우다 읽다 가르치다
> 아니다 없다 마시다 듣다 비싸다
> 쓰다 오다 보다 작다 받다 주다

	動詞	形容詞	存在詞	指定詞
母音語幹用言				
子音語幹用言				

11.2. ～です(か)、～ます(か) [합니다体]

用言の語幹について「～です(か)、～ます(か)」という意味を表す합니다体(第8課 コラム参照)の語尾は、以下のとおりである。母音語幹、子音語幹によって、異なる語尾を用いるので、注意すること。

	합니다体	
	～です・～ます	～ですか・～ますか
母音語幹	-ㅂ니다	-ㅂ니까?
子音語幹	-습니다	-습니까?

活用Check！
1-67

가다 - 갑니다 / 갑니까?
（行く）

먹다 - 먹습니다 / 먹습니까?
（食べる）

※母音語幹につく場合は、語尾の初めのㅂが語幹の末尾に潜り込むことに注意。

※語尾は基本形ではなく、語幹につけることに注意すること。つまり、오다を오답니다とするのは誤りで、옵니다が正しい。

※この語尾は、用言の現在形の語尾である。朝鮮語の現在形は、習慣的な動作や一般的な真理のほか、未来になされる動作や、それに対する主体の意志、進行中の動作（〜ている）まで表すことができる。こうしたことから、「非過去形」とよばれることもある。

※ 9.2. で学んだ「-입니다」、「-가/이 아닙니다」の基本形は、それぞれ指定詞「-이다」（〜だ、である）、「-가/이 아니다」（〜ではない）である。

例 1. 유키 씨가 마십니까? – 아뇨, 제가 마십니다.
　 2. 사람이 많습니까? – 네, 사람이 많습니다.

練習 2 質問とそれに「はい」で答える文を作ってみよう。
例：오다（来る）→ 옵니까? – 네, 옵니다.
　　먹다（食べる）→ 먹습니까? – 네, 먹습니다.

〈A〉
（1）쓰다（書く）
（2）듣다（聞く）
（3）마시다（飲む）
（4）받다（受け取る）

〈B〉
（1）크다（大きい）
（2）작다（小さい）
（3）가르치다（教える）
（4）없다（ない、いない）

11.3. 〜を、〜で、〜に［助詞（2）］

「〜を」、「〜（場所）で」、「〜（場所）に」にあたる助詞は、以下の表のとおりである。「〜で」と「〜に」の使い分けは、おおよそ日本語と同じであると考えればよい。

	〜を	場所	
		〜で(する)	〜に(いる・行く)
パッチムなし体言	-를	-에서	-에
パッチムあり体言	-을		

🔊 서울 - 서울을 ／ 서울에서 ／ 서울에
1-68 (ソウル)

학교 - 학교를 ／ 학교에서 ／ 학교에
(学校)

　ただし、「〜(人)に」の場合は、「-에」ではなく、「-에게」(話しことばでは-한테)を用いる。

例 1. 선생님은 학교에서 한국어를 가르칩니다.
　　 2. 학교는 서울에 있습니다.

練習 3 「〜を」、「〜で」、「〜に」を用いて質問を作り、それに「はい」で答える文を作ってみよう。
例：주스 (ジュース) ／마시다 (飲む)
　　→주스를 마십니까? - 네, (주스를) 마십니다.

　　음악 (音楽) ／듣다 (聞く)
　　→음악을 듣습니까? - 네, (음악을) 듣습니다.

〈A〉
（1）점심 (昼ご飯) ／먹다 (食べる)
（2）식당 (食堂) ／가다 (行く)
（3）대학교 (大学) ／한국어 (朝鮮語) ／배우다 (習う)
（4）친구 (友達) ／책 (本) ／주다 (あげる)

〈B〉
（1）방 (部屋) ／있다 (ある、いる)
（2）영화 (映画) ／보다 (見る)
（3）도서관 (図書館) ／책 (本) ／읽다 (読む)
（4）선생님 (先生) ／이야기 (話) ／하다 (する)

11.4. ～ではありません (か)、～ません (か) [否定形 (1)]

動詞、形容詞の否定形は、前に「안」を置くことで作られる (안と用言は、分かち書きすることに注意)。このような否定形を [前置否定形] とよぶ。

🔊 活用Check！
1-69

배우다 － **안** 배우다 － **안** 배웁니다 ／ **안** 배웁니까?
(習う)

듣다 － **안** 듣다 － **안** 듣습니다 ／ **안** 듣습니까?
(聞く)

なお、이다 (～だ、である) の否定は、-가/이 아니다 (～ではない)、있다 (ある・いる) の否定は 없다 (ない・いない) であることに注意。また、**基本形が「○○하다」である動詞 (○○する) の場合**、否定を表す안は、基本的に○○と하다の間に割り込んで入る。

공부하다 － 공부 **안** 하다 － 공부 **안** 합니다 ／ 공부 **안** 합니까?
(勉強する)

例 1. 책이 큽니까? － 아뇨, 안 큽니다. 작습니다.
　 2. 여기에 앉습니까? － 아뇨, 여기에 안 앉습니다. 저기에 앉습니다.

練習 4 「～が」、「～を」、「～に」を用いて質問を作り、それに「いいえ」で答える文を作ってみよう。
例：중국어 (中国語) ／배우다 (習う) → 중국어를 배웁니까? － 아뇨, 안 배웁니다.
　　방 (部屋) ／작다 (小さい) → 방이 작습니까? － 아뇨, 안 작습니다.

〈A〉
(1) 음악 (音楽) ／듣다 (聞く)
(2) 도서관 (図書館) ／가다 (行く)
(3) 점심 (昼ご飯) ／먹다 (食べる)
(4) 값 (値段) ／싸다 (安い)

〈B〉
(1) 책 (本) ／받다 (受け取る)
(2) 친구 (友達) ／있다 (いる)
(3) 사람 (人) ／많다 (多い)
(4) 주스 (ジュース) ／마시다 (飲む)

 **会話しよう**

1-70

有紀さんとカラムさんが、キャンパスでばったり出会いました。

유키 : ① 가람 씨 ! 어디에 갑니까?

가람 : ② 아, 안녕하세요? 저는 학생 식당에 갑니다.

유키 : ③ 학생 식당에서 점심을 먹습니까?

가람 : ④ 네, 오늘 점심은 비빔밥입니다.

유키 : ⑤ 값은 안 비쌉니까?

가람 : ⑥ 네, 안 비쌉니다.

〈発音ピックアップ〉
①갑니까? [감니까]
②안녕하세요? [안녕아세요]　학생 [학쌩]　식당에 [식땅에]　갑니다 [감니다]
③식당에서 [식땅에서]　점심을 [점시믈]　먹습니까? [먹씀니까]
④점심은 [점시믄]　비빔밥입니다 [비빔빠빔니다]
⑤값은 [갑쓴]　비쌉니까? [비쌈니까]
⑥비쌉니다 [비쌈니다]

> **コラム ◆ 飲食文化の違い**
>
> 　朝鮮半島の飲食文化は、日本と似ているようで異なる点も多い。以下のような点を知っておくとよいだろう。
> ▶ご飯(밥)や汁物(국)はスプーン(숟가락)で食べ、お椀は持ち上げずに食べる。なお、汁物にご飯を入れて食べることは、マナー違反とされない。
> ▶年長者が箸をつけてから、食事を始める。
> ▶音を立てて食べない(特に麺類の場合)。
> ▶通常、酒(술)の注ぎ足し、手酌はしない。また、目上の人に対しては片手で注いではならず、酒を飲む際にも口元を隠すなどして飲むところを見せないようにする。
> ▶床に座って食べる場合は、男性はあぐら、女性は片膝を立てて座ってよい。
> 　なお、箸(젓가락)はステンレス製で、日本のものより重い。スプーンとともにテーブルに縦に並べられる。

✎ 書いてみよう

（1）私は大学で中国語を勉強します。

（2）学校に友達がいませんか。

（3）ハナ(하나)さんは学校に行きません。

（4）鈴木さんは、図書館で本を読みません。

🗣 伝えよう

（1）することや場所について話してみよう。

Q：＿＿＿는/은 ＿＿＿에서 ＿＿＿＿를/을 ＿＿＿＿＿ㅂ니까/습니까?

A1：네, ＿＿＿는/은 ＿＿＿에서 ＿＿＿＿를/을 ＿＿＿＿＿ㅂ니다/습니다.

A2：아뇨, ＿＿＿는/은 ＿＿＿에서 ＿＿＿＿를/을 안 ＿＿＿＿ㅂ니다/습니다.

　　　＿＿＿는/은 ＿＿＿에서 ＿＿＿＿를/을 ＿＿＿＿＿ㅂ니다/습니다.

（2）どこに行く／来る／いるか話してみよう。

Q：＿＿＿＿＿＿는/은 어디에 ＿＿＿＿＿＿ㅂ니까/습니까?
　　　　　　　（가다, 오다, 있다 など）

A：＿＿＿＿＿＿는/은 ＿＿＿＿에 ＿＿＿＿＿ㅂ니다/습니다.

● 単語バンク（身体名詞１）

팔（腕）　목（首、喉）　어깨（肩）　등（背中）　배（腹）

가슴（胸）　무릎（膝）　다리（脚）　발（足）

第12課　もう9時36分です

벌써 9시 36분입니다.

単語と表現

1-71

☐	가깝다	形近い	☐	수업 〈授業〉	名授業 [〜하다]
☐	걷다	動歩く	☐	신문 〈新聞〉	名新聞
☐	걸리다	動（時間が）かかる	☐	얼마나	疑どのくらい
☐	괜찮다	形大丈夫だ	☐	역 〈驛〉	名駅
☐	교실 〈教室〉	名教室	☐	운동장 〈運動場〉	名運動場
☐	내다	動出す、払う	☐	웃다	動笑う
☐	돈	名お金	☐	일어나다	動起きる
☐	만나다	動会う	☐	자다	動寝る
☐	모자 〈帽子〉	名帽子	☐	자전거 〈自轉車〉	名自転車
☐	버스 〈bus〉	名バス	☐	주말 〈週末〉	名週末
☐	벌써	副もう	☐	책상 〈册床〉	名机
☐	벗다	動脱ぐ	☐	카페 〈cafe〉	名カフェ
☐	사랑	名愛 [〜하다]	☐	타다	動乗る

※固有数詞、助数詞（単位名詞）は、12.1.を参照。

※〜に会う：-를/을 만나다　〜に乗る：-를/을 타다

※授業を受ける：수업을 듣다（←授業を聞く）

📖 文法ノート

▌12.1. ひとつ、ふたつ、みっつ… [固有数詞(1)]

　日本語のひとつ、ふたつ、みっつ…にあたる固有語由来の数詞を「固有数詞」という。日本語は「とお」までしか数えることができないのに対して、朝鮮語では99まで数えることができる。この課では、29までの数え方を学ぶ。

1つ★	2つ★	3つ★	4つ★	5つ
하나／한 ～	둘／두 ～	셋／세 ～	넷／네 ～	다섯
6つ	7つ	8つ	9つ	10 (とお)
여섯	일곱	여덟	아홉	열
11こ★	12こ★	13こ★	14こ★	15こ
열하나／열한 ～ [여라나/여란]	열둘／열두 ～ [열뚤/열뚜]	열셋／열세 ～ [열쎗/열쎄]	열넷／열네 ～ [열렏/열레]	열다섯 [열따섣]
16こ	17こ	18こ	19こ	20こ★
열여섯 [열려섣]	열일곱 [여릴곱]	열여덟 [열려덜]	열아홉 [여라홉]	스물／스무 ～ [스물/스무]

表中の [ ] は発音を表す。

　固有数詞とともに用いられる主な助数詞(単位名詞)には、以下のようなものがある。

　　개(個)、시(時)、시간(時間)、달(か月)、사람(人)、명(名)、
　　분(方、名様)、번(回)、장(枚)、마리(匹)、대(台)、권(冊)

　なお、表中で★が書かれた固有数詞は、単独で用いる時は／の左側の形を、助数詞(単位名詞)の前で用いる時は、／の右側の形を用いることに注意。

例：1時間：하나 시간(×)→ 한 시간(○)
　　12名 ：열둘 명(×)→ 열두 명(○)
(固有数詞と助数詞(単位名詞)の間は、基本的に分かち書きすることに注意)

※30こ以上の数え方については、23.4. で学ぶ。

練習 **1** 朝鮮語で言ってみよう。

例：7匹 → 몇 마리입니까? − 일곱 마리입니다.

〈A〉
(1) 2枚　　　　　(2) 3か月　　　　(3) 1名
(4) 4人　　　　　(5) 15回　　　　(6) 23枚
(7) 20個　　　　(8) 18台　　　　(9) 5名様

〈B〉
(1) 29個　　　　(2) 19冊　　　　(3) 24名
(4) 10回　　　　(5) 16枚　　　　(6) 7名様

▌12.2. 〜時〜分、〜歳

12.1. でみたように固有数詞の後には、様々な助数詞(単位名詞)が用いられるが、ここでは、特に時間と年齢の表現を練習しよう。時間の表現は、**「〜時」の部分は固有数詞を、「〜分」の部分は漢数詞を用いる**ので注意。

🔊 **■ 〜時（固有数詞＋시）**
1-73
한 시, 두 시, 세 시, 네 시, 다섯 시, 여섯 시, 일곱 시
여덟 시, 아홉 시, 열 시, 열한 시, 열두 시

■ 〜分（漢数詞＋분）
일 분, 이 분, 삼 분, 사 분, 오 분, 육 분, 칠 분, 팔 분, 구 분
십 분, 십일 분, 십이 분, 십삼 분, 십사 분, 십오 분, 십육 분,
십칠 분, 십팔 분, 십구 분, 이십 분, 삼십 분, 사십 분, 오십 분

> ※時刻を表す際には「〜 시 〜 분」(〜時〜分) を用いるが、時間量を表す際には
> 「〜 시간 〜 분」(〜時間〜分) を用いる。
>
> ※「[時] に」も 11.3. で学んだ「(場所)に」と同じように「-에」を用いればよい。

練習 **2** 次の時間を朝鮮語で言ってみよう。
〈A〉
(1) 5:10　　　　(2) 10:23
(3) 9:35　　　　(4) 1:47

〈B〉
(1) 8:56　　　(2) 4:09
(3) 12:31　　(4) 3:58

🔊 ■ 〜歳（固有数詞＋살）
1-74
한 살, 두 살, 세 살, 네 살, 다섯 살, 여섯 살, 일곱 살,
여덟 살, 아홉 살, 열 살, 열한 살, 열두 살, 열세 살, 열네 살,
열다섯 살, 열여섯 살, 열일곱 살, 열여덟 살, 열아홉 살, 스무 살,
스물한 살, 스물두 살, 스물세 살, 스물네 살, 스물다섯 살,
스물여섯 살, 스물일곱 살, 스물여덟 살, 스물아홉 살…

練習 3 次の年齢を朝鮮語で言ってみよう。
〈A〉
(1) 15歳　　　(2) 19歳
(3) 20歳　　　(4) 23歳

〈B〉
(1) 18歳　　　(2) 26歳
(3) 11歳　　　(4) 22歳

12.3. 〜ではありません（か）、〜ません（か）[否定形（２）]

11.4. で学んだ［前置否定形］（안＋用言）は、話しことばでよく使われる形である。それに対し、書きことばでは［後置否定形］（語幹＋-지 않다：〜ない）がよく使われる。

	〜ない（基本形）	〜ません	〜ませんか
全ての語幹	-지 않다	-지 않습니다	-지 않습니까?

🔊 活用Check！
1-75
보다 – 안 보다 – 안 봅니다 ／ 안 봅니까? [前置否定]
(見る)
　　　 – 보지 않다 – 보지 않습니다 ／ 보지 않습니까? [後置否定]

읽다 – 안 읽다 – 안 읽습니다 ／ 안 읽습니까? [前置否定]
(読む)
　　　 – 읽지 않다 – 읽지 않습니다 ／ 읽지 않습니까? [後置否定]

例 1. 선생님은 영화를 봅니까? – 아뇨, 저는 영화를 보지 않습니다.
　 2. 가람 씨는 신문을 읽습니까? – 아뇨, 저는 신문을 읽지 않습니다.

練習 4 質問をして、2つの否定形で文を作ってみよう。
例：학교에 가다 (学校に行く)
　　→학교에 갑니까? – 아뇨, (학교에) 안 갑니다. ／(학교에) 가지 않습니다.

〈A〉
（1）한국어 수업을 듣다 (朝鮮語の授業を受ける)
（2）주말에 학교에 가다 (週末に学校に行く)
（3）여기에 앉다 (ここに座る)
（4）음악을 사랑하다 (音楽を愛する)

〈B〉
（1）가람 씨가 웃다 (カラムさんが笑う)
（2）카페에서 친구를 만나다 (カフェで友達に会う)
（3）선생님이 돈을 내다 (先生がお金を払う)
（4）친구가 모자를 벗다 (友達が帽子を脱ぐ)

▌12.4. 〜から〜まで［助詞（3）］

　「〜から〜まで」にあたる助詞は、以下のとおりである。「〜から」の部分は、時の場合と場所の場合で異なる助詞を用いるので、注意。

	時	場所
	〜から〜まで	
体言	-부터 -까지	-에서 -까지

🔊 10시, 12시 – 10시부터 12시까지
1-76 (10時, 12時)

집, 학교 – 집에서 학교까지
(家, 学校)

※「〜까지」は、「〜まで」(継続)のほか、「〜までに」(期限)という意味も持つ。用例は、本課の会話しよう②を参照。

例1．수업은 언제입니까？ － 10시부터 12시까지입니다.
　2．집에서 학교까지 얼마나 걸립니까？ － 1시간이 걸립니다.

練習 5 「〜から〜まで〜ます」という文を作ってみよう。

例：4시 20분（4:20）〜 5시 15분（5:15）／영화를 보다（映画を見る）
　　→네 시 이십 분부터 다섯 시 십오 분까지 영화를 봅니다.

　　도서관（図書館）〜 교실（教室）／20분이 걸리다（20分がかかる）
　→ 도서관에서 교실까지 20분이 걸립니다.

〈A〉
（1）한국（韓国）〜 일본（日本）／2시간이 걸리다（2時間がかかる）
（2）11시 15분（11:15）〜 12시 55분（12:55）／
　　　중국어를 배우다（中国語を習う）
（3）여기（ここ）〜 학교（学校）／걷다（歩く）
（4）7월（7月）〜 9월（9月）／한국에 있다（韓国にいる）

〈B〉
（1）10시（10時）〜 6시（6時）／자다（寝る）
（2）역（駅）〜 운동장（運動場）／가깝다（近い）
（3）18일（18日）〜 25일（25日）／중국에 가다（中国に行く）
（4）서울（ソウル）〜 부산（釜山）／버스가 있다（バスがある）

会話しよう

有紀さんとカラムさんが、授業について話しています。

유키 : ① 가람 씨는 오늘 학교에 언제 갑니까?

가람 : ② 저는 10시까지 갑니다.

유키 : ③ 그런데 벌써 9시 36분입니다. 괜찮습니까?

가람 : ④ 네, 여기에서 학교까지 20분이 걸립니다.

　　　　 괜찮습니다.

유키 : ⑤ 학교까지는 버스를 탑니까?

가람 : ⑥ 아뇨, 버스를 타지 않습니다. 자전거를 탑니다.

〈発音ピックアップ〉
①학교 [학꾜] 갑니까? [감니까]
②10시 [열씨] 갑니다 [감니다]
③9시 [아홉씨] 36분입니다 [삼심뉵뿐님니다]
　괜찮습니까? [궨찬씀니까]
④20분이 [이십뿌니] 걸립니다 [걸림니다] 괜찮습니다 [궨찬씀니다]
⑤탑니까? [탐니까]
⑥않습니다 [안씀니다] 탑니다 [탐니다]

コラム ◆ ソウルのバス、タクシー

ソウルのバス(버스)は、市内で遠距離運行をするものは青、青色のバスと地下鉄(지하철)の駅を結ぶものは緑、都心を循環するものは黄色、市内と首都圏の都市を急行運転するものは赤、というように運行形態により車体が4色に塗り分けられている。値段は市内で利用する場合は、1,300ウォン程度。また、タクシー(택시)は主にオレンジ色の車体の一般タクシー(일반택시、初乗り：3,800ウォン〜)と黒色の車体の模範タクシー(모범택시、初乗り：6,500ウォン〜)に分かれており、深夜(0時〜4時)は深夜料金20%が加算される。模範タクシーは高級感のある車両が使用されており、各種教育を受けたドライバーが乗務するなど、一般タクシーより優れたサービスを提供する。なお、一般タクシー、模範タクシーともにドアは自動(자동)ではないので注意。

書いてみよう（数字もハングルで書くこと）

（1）教室に学生が1人います。

（2）1限は、9時25分から10時55分までです。

（3）私は週末に朝鮮語を勉強しません。［2つの否定形で書くこと］

（4）家から学校まで1時間がかかります。

伝えよう

1日の行動について話してみよう。

저는 ＿＿＿＿＿＿＿ 시 ＿＿＿＿＿＿＿ 분에 일어납니다.

＿＿＿＿＿＿＿에서 ＿＿＿＿＿＿까지 ＿＿＿＿＿＿를/을 탑니다.

　　　　　　　　　　　　　　　　　　　타지 않습니다.

＿＿＿＿＿＿＿에서 ＿＿＿＿＿＿까지 ＿＿＿＿＿＿ 분이 걸립니다.

수업은 ＿＿＿＿＿＿＿ 시 ＿＿＿＿＿＿＿ 분부터입니다.

저는 ＿＿＿＿＿＿＿를/을 ＿＿＿＿＿＿지 않습니다.

＿＿＿＿＿＿부터 ＿＿＿＿＿까지 ＿＿＿＿＿를/을 ＿＿＿＿＿ㅂ니다/습니다.

単語バンク（身体名詞2）

눈 (目)　코 (鼻)　귀 (耳)　입 (口)　혀 (舌)　입술 (唇)

볼 (頬)　이마 (額)

応用会話 1

ここでは、9課から12課で学んだ内容を復習しながら、少し長めの会話に挑戦してみよう。

——有紀さんがカラムさんの友人、ジュノさんに会いました。

①**가람**：안녕하세요? 유키 씨. 이분은 박준호 씨입니다.

②**유키**：아, 처음 뵙겠습니다. 제 이름은 유키입니다.

③**준호**：아, 네, 유키 씨. 반갑습니다.

저는 숭실대학교에서 일본어를 공부합니다.

제 생일은 1998년 8월 17일, 올해 스무 살입니다.

유키 씨는 한국어를 공부합니까?

④**유키**：네, 저는 게이오 대학교 학생입니다.

지금은 서울대학교에서 한국어를 공부합니다.

아, 제 생일은 1998년 1월 11일, 올해 스무 살입니다.

⑤**준호**：집에서 학교까지는 얼마나 걸립니까?

⑥**유키**：음, 보통 20분이 걸립니다. 아, 자전거를 탑니다!

⑦**가람**：자, 벌써 1시 10분입니다.

(笑いながら) 두 분은 밥(을) 안 먹습니까?

単語と表現

1-79

☐	**올해**	名今年
☐	**음**	圏うーん
☐	**보통** 〈普通〉	名普通　副普通は
☐	**자**	圏さあ
☐	**밥**	名ご飯

〈さあ、話そう！〉

A : 안녕하세요? _____ 씨. 이분은 _____ 씨입니다.

B : 아, 처음 뵙겠습니다. 제 이름은 _____입니다.

C : 아, 네, _____ 씨. 반갑습니다.

　　저는 _____에서 _____를/을 공부합니다.

　　제 생일은 _____ 년 _____ 월 _____ 일,

　　올해 _____ 살입니다.

　　유키 씨는 _____를/을 공부합니까?

B : 네, 저는 _____ 학생입니다.

　　지금은 _____에서 _____를/을 공부합니다.

　　아, 제 생일은 _____ 년 _____ 월 _____ 일,

　　올해 _____ 살입니다.

C : _____에서 _____까지는 얼마나 걸립니까?

B : 음, 보통 _____ 분이 걸립니다. 아, _____를/을 탑니다!

A : 자, 벌써 _____ 시 _____ 분입니다.

　　(笑いながら) 두 분은 밥(을) 안 먹습니까?

第13課　母は麦茶がとても好きです

어머니께서 보리차를 참 좋아하십니다.

  単語と表現　

2-1

☐	기다리다	動待つ	☐	아직	副まだ
☐	나가다	動出る、出て行く	☐	음식〈飲食〉	名食べ物
☐	넣다	動入れる	☐	응	間うん
☐	놀다	動遊ぶ	☐	입다	動着る
☐	-들	接尾辞〜達（たち）	☐	있으시다	存おありだ
☐	말	名言葉［〜하다：話す]	☐	저희	代私（わたくし）達
☐	맛이 없다	表現まずい、おいしくない	☐	좀	副ちょっと
☐	반갑다	形会えてうれしい	☐	좋아하다	動好きだ
☐	보리차〈-茶〉	名麦茶	☐	찾다	動探す
☐	사과	名りんご	☐	청소〈清掃〉	名掃除［〜하다]
☐	사다	動買う	☐	커피〈coffee〉	名コーヒー
☐	사장님〈社長-〉	名社長	☐	화장실〈化粧室〉	名トイレ
☐	숙제〈宿題〉	名宿題［〜하다]	☐	회사〈會社〉	名会社
☐	쉬다	動休む	☐		

※特別な尊敬形と尊敬形とともに用いる助詞は、 13.3. を参照。

※親族名称は、**単語バンク**を参照（これも覚えること）。

※〜が好きだ：-를/을 좋아하다

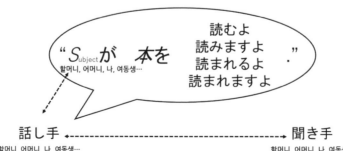

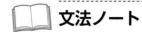 **文法ノート**

13.1. 3つの語基

　11.1.で、朝鮮語の用言は、基本形から−다を取った形（＝語幹）に語尾類を結びつけることにより活用することを学んだが、この時、語幹は後につく語尾類によって、3通りに姿を変える。このように姿を変えた語幹を語基といい、3つのバリエーションをそれぞれ第Ⅰ語基、第Ⅱ語基、第Ⅲ語基とよぶ。例えば、「먹다」（食べる）を例にとると、以下のようになる。

먹　（語幹：第Ⅰ語基）　＋　第Ⅰ語基に結びつく語尾類

먹으　（語幹：第Ⅱ語基）　＋　第Ⅱ語基に結びつく語尾類

먹어　（語幹：第Ⅲ語基）　＋　第Ⅲ語基に結びつく語尾類

　語基は3種類しかないうえ、全ての語尾類は、用言のどの語基に結びつくかがあらかじめ決まっている。すなわち、以降の学習においては、（1）3つの語基がどのように作られるか、（2）どの語尾類がどの語基に結びつくかに習熟することが肝要になる。本書では、第Ⅰ語基、第Ⅱ語基については第13課(本課)で、第Ⅲ語基については、第15課以降で学ぶ。

13.2. 第Ⅰ語基、第Ⅱ語基

　ここでは、第Ⅰ語基、第Ⅱ語基の作り方を学ぶ。
　第Ⅰ語基は、基本形から「−다」を取り除いた形である。また、第Ⅱ語基は、母音語幹用言は第Ⅰ語基と同じ形であるが、子音語幹用言は、第Ⅰ語基に「−으−」をつけた形となる。例えば、가다(行く：母音語幹用言)、받다(受け取る：子音語幹用言)の場合は、以下のようになる。

가다：Ⅰ 가−　Ⅱ 가−

받다：Ⅰ 받−　Ⅱ 받으−

※以降では3つの語基をⅠ、Ⅱ、Ⅲのように記号化して示すことにする。

練習 1 次の用言の第Ⅰ語基、第Ⅱ語基を作ってみよう。

例：사다(買う)→ Ⅰ：사-、Ⅱ：사-
  입다(着る)→ Ⅰ：입-、Ⅱ：입으-

〈A〉
（1） 기다리다 （待つ） 　　　（2） 작다 （小さい）
（3） 나가다 （出る、出て行く） （4） 읽다 （読む）

〈B〉
（1） 주다 （あげる、くれる） （2） 앉다 （座る）
（3） 크다 （大きい） 　　　（4） 넣다 （入れる）

※「앉다」の発音は、[anda] ではなく、[안따：an²ta] となる。このように語幹末の終声が［ㄴ］、［ㅁ］(鼻音)である子音語幹の場合、語尾(基本形を作る-다を含む)の初声は、有声音化せずに濃音化するという特徴を持つ。
例：신다(履く)[신따：ʃin²ta](19課)、남다(残る)[남따：nam²ta](18課)

13.3. ～なさる［尊敬形］

尊敬の「～なさる」(～でいらっしゃる)は、Ⅱ-시다により表す。尊敬形であるため、主語は目上の人物になる。

活用Check！
2-2

基本形	Ⅱ-시다 （尊敬形）	합니다体 [11.2.]参照
오다 (来る)	오시다	오십니다
받다 (受け取る)	받으시다	받으십니다
친구이다 (友達だ)	친구이시다	친구이십니다
사장님이다 (社長だ)	사장님이시다	사장님이십니다

で囲まれた部分がⅡになっていることを確認しよう。

今度は、否定形から尊敬形を作ってみよう。

🔊 2-3

基本形	否定形	否定形の Ⅱ-시다 (否定尊敬形)	합니다体 11.2.参照

오다 - 안 오다 　　　　　 - 안 오 시다 　　　　 - 안 오십니다 [前置否定]
(来る)
　　　　 - 오지 않다 　　　 - 오지 않으 시다 　 - 오지 않으십니다 [後置否定]

받다 - 안 받다 　　　　　 - 안 받으 시다 　　　 - 안 받으십니다 [前置否定]
(受け取る)
　　　　 - 받지 않다 　　　 - 받지 않으 시다 　 - 받지 않으십니다 [後置否定]

친구이다 - 친구가 아니다 　 - 친구가 아니 시다 　 - 친구가 아니십니다
(友達だ)
사장님이다 - 사장님이 아니다 　- 사장님이 아니 시다 - 사장님이 아니십니다
(社長だ)

　なお、日本語の「見る」の尊敬語が「ご覧になる」になるように、朝鮮語もいくつかの動詞は**特別な尊敬形**を持つ。これらは、Ⅱ-시다を使わないのが普通である。よく使われるものを以下に示す。

非尊敬形	特別な尊敬形
먹다 (食べる)、마시다 (飲む)	드시다、잡수시다 (召し上がる)
자다 (寝る)	주무시다 (お休みになる)
있다 (いる)	계시다 (いらっしゃる)
말하다 (話す)	말씀하시다 (おっしゃる)

　尊敬形を用いる文では、-가/이 (〜が) は-께서 (〜におかれまして)、-는/은 (〜は) は-께서는 (〜におかれましては) を使うことが多い (次ページの例文を参照)。

※存在詞있다の尊敬形には、계시다 (特別な形：いらっしゃる) と 있으시다 (Ⅱ-시다：おありだ) の2つがある。前者は、敬意の対象となる人物が主語の時に、後者は人物以外が主語の時に用いる。なお、これらの否定形は、それぞれ안 계시다 (いらっしゃらない)、없으시다 (おありでない) である。
　例：선생님, 지금 시간 있으십니까? – 네, 있습니다.

※特別な尊敬形の場合、否定はⅠ-지 않으시다 (二重尊敬) よりは、Ⅰ-지 않다を使う。
　例：드시다 → 드시지 않으시다 (△)
　　　　　　　드시지 않다 (○)

例1. 선생님께서 요리 책을 받으십니까? - 네, 받으십니다.
  2. 선생님, 주무십니까? - 아뇨, 아직 안 잡니다.

練習 2 「～は（におかれまして(は)）、～なさいますか」という文を作り、それに答えてみよう。
例：선생님（先生）／학교에 오다（学校に来る）[네]
   →선생님께서 학교에 오십니까? - 네, 오십니다.

〈A〉
（1）선생님（先生）／카페에서 쉬다（カフェで休む）[네]
（2）아버지（お父さん）／신문을 읽다（新聞を読む）[아뇨]
（3）어머니（お母さん）／
    오늘 한국 음식을 요리하다（今日韓国の食べ物を作る（料理する））[네]
（4）사장님（社長）／회사에 있다（会社にいる）[아뇨]

〈B〉
（1）할머니（おばあさん）／한글을 배우다（ハングルを習う）[네]
（2）할아버지（おじいさん）／방에서 자다（部屋で寝る）[아뇨]
（3）사장님（社長）／말하다（話す）[아뇨]
（4）선생님（先生）／사과를 먹다（りんごを食べる）[네]

13.4. ～て［順接］

文と文をつなぐ「～て（そして～）」は、Ⅰ-고により表す。日本語の「～て」と同様に前後の文の主語は、同じであっても同じでなくてもよい。

活用Check！
2-4
하다 - 하고 ／ 찾다 - 찾고
（する）   （探す）

싸다 - 싸고 ／ 있다 - 있고
（安い）   （ある、いる）

また、13.3.で学んだⅡ-시다（尊敬形）とともに用いると、以下のようになる。

하다 - 하시다 - 하시고
（する）

찾다 - 찾으시다 - 찾으시고
（探す）

例1. 저는 비빔밥을 먹고 누나는 사과를 먹습니다.
　2. 어머니께서는 보통 주말에 청소를 하시고 친구를 만나십니다.

練習 3 「(～は) ～て、(～は) ～ます」という文を作ってみよう。
例：형은 밥을 먹다 (兄はご飯を食べる)
　　누나는 커피를 마시다 (姉はコーヒーを飲む)
　　→ 형은 밥을 먹고 누나는 커피를 마십니다.

〈A〉
（1）여동생은 방에 있다 (妹は部屋にいる)
　　남동생은 화장실에 있다 (弟はトイレにいる)

（2）이 음식은 비싸다 (この食べ物は高い)
　　맛이 없다 (まずい、おいしくない)

（3）친구는 놀다 (友達は遊ぶ)
　　저는 공부하다 (私は勉強する)

（4）선생님께서는 한국어를 가르치시다 (先生は朝鮮語をお教えになる)
　　학생들은 한국어를 배우다 (学生たちは朝鮮語を習う)

〈B〉
（1）아버지께서는 친구와 이야기를 하시다 (お父さんは友達と話をなさる)
　　커피를 드시다 (コーヒーをお飲みになる)

（2）주말에 도서관에서 책을 읽다 (週末に図書館で本を読む)
　　숙제를 하다 (宿題をする)

（3）이 책은 값이 싸다 (この本は値段が安い)
　　저 책은 값이 비싸다 (あの本は値段が高い)

（4）아버지께서는 신문을 읽으시다 (お父さんは新聞をお読みになる)
　　어머니께서는 요리를 하시다 (お母さんは料理をなさる)

※읽다 [익따：ik'ta] (読む)の語幹末の二重パッチム ㄺ [→5.4. 参照] は、ㄱで始まる語尾類が続く時に限って、ㄹで発音される。即ち、「읽고」(読んで)の発音は、[익꼬：ik'ko] ではなく、[일꼬：il'ko] である。

会話しよう

有紀さんが、先生の研究室を訪ねます。

유키 : ① (ドアをノックして) 선생님 계십니까?

선생님 : ② (ドアが開いて) 아, 네. 응? 그것은 무엇입니까?

유키 : ③ 커피입니다. 선생님께서는 커피를 드십니까?

선생님 : ④ 아뇨, 저는 보리차를 좋아하고, 커피는…좀….

유키 : ⑤ 아, 그렇습니까?

　　　　저희 어머니께서 보리차를 참 좋아하십니다.

선생님 : ⑥ 하하, 저희 어머니께서는 커피를 좋아하십니다.

〈発音ピックアップ〉
①계십니까? [게심니까]
②그것은 [그거슨] 무엇입니까? [무어심니까]
③커피입니다 [커피임니다] 드십니까? [드심니까]
④좋아하고 [조아하고]
⑤그렇습니까? [그럳씀니까] 저희 [저이] 좋아하십니다 [조아하심니다]

コラム ◆ 韓国のコーヒーショップ

　本課の会話に登場する先生は、コーヒー(커피)があまり好きではないようだが、韓国人は総じてコーヒー好きな人が多いようである。その証拠に韓国の街(거리)を歩くと、스타벅스(Starbucks)、카페베네(Caffe bene)、엔제리너스(Angel in us)など、至る所でコーヒーショップ(커피숍)を目にする。店内は、Wi-Fi(와이파이)環境が整っているだけでなく、室温も快適に設定されているので、ネットサーフィンや読書、おしゃべりに興じる人を多く目にする。都市部では、24時間営業(영업)の店も珍しくない。もしかしたら、韓国人はコーヒーそのものが好きというより、コーヒーショップで過ごす時間が好きなのかもしれない。

書いてみよう

（1）先生は(→におかれましては)、図書館で本をお読みになりません。

（2）社長は(→におかれましては)、会社にいらっしゃいます。

（3）このビビンバは、値段が高くて、おいしくないです。

（4）おじいさんは(→におかれましては)麦茶を召し上がって、

　　　おばあさんは(→におかれましては)コーヒーを召し上がります。

伝えよう

（1）学校の先生と週末にすることについて、話してみよう。

　　　学生：선생님께서는 일요일에 무엇을 하십니까?

　　　先生：저는 일요일에 ＿＿＿＿＿를/을 Ⅰ ＿＿＿＿＿고

　　　　　　　　　　＿＿＿＿＿를/을 ＿＿＿＿ㅂ니다/습니다.

　　　　　　　　　　＿＿＿＿에 ＿＿＿＿ㅂ니다/습니다.
　　　　　　　　　　（가다, 오다, 있다 など）

（2）先生について尋ねてみよう。

学生①：선생님께서는 ＿＿＿＿＿를/을 Ⅱ ＿＿＿＿＿십니까?

学生②：선생님께서는 ＿＿＿＿＿를/을 안 Ⅱ ＿＿＿＿＿십니다.

　　　　　　　　　　　　　　　　　　　Ⅰ ＿＿＿＿＿지 않으십니다.

🔹 単語バンク （親族名称、接続詞）

　🔹 **할아버지** ((父方の) おじいさん)　**할머니** ((父方の) おばあさん)

　🔹 **외할아버지** 〈外-〉((母方の) おじいさん)　**외할머니** 〈外-〉((母方の) おばあさん)

　🔹 **아버지** (父)　**어머니** (母)　**형** 〈兄〉((男性からみた) 兄)　**누나** ((男性からみた) 姉)

　🔹 **오빠** ((女性からみた) 兄)　**언니** ((女性からみた) 姉)

　🔹 **남동생** 〈男同生〉(弟)　**여동생** 〈女同生〉(妹)

　🔹 **그리고** (そして)　**하지만** (しかし)　**또는** (または)　**그래서／그러니까** (だから)

警察署と図書館の間にあります
経찰서와 도서관 사이에 있습니다.

 単語と表現

2-6

☐	가방	名カバン	☐	그럼	接じゃあ、それでは
☐	경찰서 〈警察署〉	名警察署	☐	근처 〈近處〉	名近く、近所
☐	고양이	名猫	☐	끝내다	動終わらせる
☐	과일	名果物	☐	나다	動出る
☐	귤	名みかん	☐	내리다	動降りる
☐	놓다	動置く	☐	아프다	形痛い
☐	닫다	動閉める	☐	열심히 〈熱心-〉	副一生懸命、熱心に
☐	돌아오다	動帰る（帰って来る）	☐	일	名仕事 [～하다]
☐	머리	名頭	☐	의자 〈椅子〉	名椅子
☐	모으다	動集める、貯める	☐	잠시만 〈暫時-〉	表現しばらく
☐	바꾸다	動替える	☐	잡다	動掴む、取る
☐	병원 〈病院〉	名病院	☐	좋다	形良い
☐	소리	名音	☐	지금 〈只今〉	名今
☐	식사 〈食事〉	名食事 [～하다]	☐	창문 〈窓門〉	名窓
☐	아르바이트 〈Arbeit〉	名アルバイト [～하다]	☐	천천히	副ゆっくり

※助詞は、 14.1. を参照。

※位置名詞は、 14.2. を参照。

※音がする：소리가 **나다** （←音が出る）

 **文法ノート**

14.1. 〜と、〜も［助詞（4）］

「〜と」、「〜も」にあたる助詞は、以下のとおりである。「〜と」は話しことばで多用される形と書きことばで多用される形の２つを覚えよう。「−와/과」は、パッチムの有無による区別を逆に覚えないように注意。

	〜と		〜も
	書きことば	話しことば	
パッチムなし体言	−와	−하고	−도
パッチムあり体言	−과		

🔊 **카페 − 카페와 ／ 카페하고 ／ 카페도**
2-7 (カフェ)

귤 − 귤과 ／ 귤하고 ／ 귤도
(みかん)

例1. 카페와(하고) 도서관에서 아르바이트를 합니다.
　2. 귤도 먹고 사과도 먹습니다.

※２つの助詞が重なった形は、基本的に日本語と同じ発想で作ればよい。今のところ、「−에도」(〜にも)、「−에서도」(〜でも)の２つを使えるようにしておこう。

練習 1 「〜と」、「〜も」を使って文を作ってみよう。
例：사과（りんご）、귤（みかん）／먹다（食べる）
　→1. 사과와(하고) 귤을 먹습니다.
　　2. 사과를 먹습니다. 그리고 귤도 먹습니다.
　　　※그리고（そして）［13課 単語バンク］
〈A〉
（1）신문（新聞）、책（本）／읽다（読む）
（2）가람 씨（カラムさん）、유키 씨（有紀さん）／오다（来る）
（3）남동생（弟）、여동생（妹）／이야기하다（話す）
（4）고양이 한 마리（猫1匹）、사람 두 명（人2人）／있다（いる）

〈B〉
（1）영화（映画）、음악（音楽）／좋아하다（好きだ）
（2）학교（学校）、집（家）／한국어를 공부하다（朝鮮語を勉強する）
（3）서울（ソウル）、부산（釜山）／가다（行く）
（4）학교 도서관（学校の図書館）、식당（食堂）／크다（大きい）

▌14.2. 位置を表す名詞

既習の語を含め、位置を表す代名詞を整理してみよう。

ここ	そこ	あそこ	どこ
여기	거기	저기	어디

※話しことばでは、**여기**（ここ）、**거기**（そこ）、**저기**（あそこ）、**어디**（どこ）に助詞「-에서」、「-에」がつく時、しばしば「-에」が脱落し、**여기서**（ここで）、**여기**（ここに）のようになる。
　例：**어디서 공부합니까？ – 여기서 공부합니다.**

また、位置を表す名詞は、以下のようになる。

前／後	左側／右側	上／下	中／外
앞／뒤	왼쪽／오른쪽	위／아래	안／밖
横	**真ん中（中心）**	**（AとBの）間**	**近く**
옆	가운데	A와 B 사이	근처
東の方	**西の方**	**南の方**	**北の方**
동쪽	서쪽	남쪽	북쪽

　日本語では［基準になる場所＋の＋位置］と表現するが、朝鮮語では［基準になる場所＋位置］と表現すればよい。例：**학교 앞**（学校の前）、**병원 근처**（病院の近く）

例1. 책상 위에 교과서가 있습니다.
　 2. 교실 밖에서 학생들이 웃습니다.

練習 2 左右をつないで、１つの文を作ろう。

例：의자(椅子)／아래(下)／고양이가 있다(猫がいる)

　　→의자 아래에 고양이가 있습니다.

　　회사(会社)／근처(近く)／식사를 하다(食事をする)

　　→회사 근처에서 식사를 합니다.

〈A〉

（1）역 （駅）／오른쪽 （右側）／카페가 있다 （カフェがある）

（2）집 （家）／근처 （近く）／과일을 사다 （果物を買う）

（3）가방 （カバン）／안 （中）／돈이 없다 （金がない）

（4）학교 （学校）／뒤 （後、裏）／친구를 만나다 （友達に会う）

〈B〉

（1）도쿄역 （東京駅）／앞 （前）／가다 （行く）

（2）서쪽 （西の方）／소리가 나다 （音がする）

（3）회사 （会社）／근처 （近く）／커피를 사다 （コーヒーを買う）

（4）이 교실 （この教室）、저 교실 （あの教室）／사이 （間）／

　　화장실이 있다 （トイレがある）

14.3. ～ばよい、～てはならない

「～ばよい」は Ⅱ-면 되다、「～てはならない」は Ⅱ-면 안 되다により表す。

🔊))) 活用Check！

2-9

가다 – 가면 되다 ／ 가면 안 되다
（行く）

받다 – 받으면 되다 ／ 받으면 안 되다
（受け取る）

また、これを尊敬形(Ⅱ-시다)とともに用いると、以下のようになる。

가다 – 가시다 – 가시면 되다 ／ 가시면 안 되다
（行く）

받다 – 받으시다 – 받으시면 되다 ／ 받으시면 안 되다
（受け取る）

※ここで学んだ２つの表現に含まれる Ⅱ-면は、「～ば、たら」(仮定、条件)という意味である。

　この表現については、37.3.(第２巻)で学ぶ。

例 1. 여기에서 기다리면 됩니까?
　　2. 그 커피는 드시면 안 됩니다.

練習 3 「～ばよいです」、「～てはなりません」という文を作ってみよう。
例 : 책상 위에 돈을 놓다 (机の上にお金を置く)
　　→책상 위에 돈을 놓으면 됩니다. ／책상 위에 돈을 놓으면 안 됩니다.

〈A〉
(1) 오늘 책을 사다 (今日、本を買う)
(2) 모자를 벗다 (帽子を脱ぐ)
(3) 친구에게 말하다 (友達に話す)
(4) 창문을 닫다 (窓を閉める)

〈B〉
(1) 3시까지 학교에 가다 (3時までに学校に行く)
(2) 여기 있다 (ここにいる)
(3) 식당에서 점심을 먹다 (食堂で昼ご飯を食べる)
(4) 선생님에게 이야기하다 (先生に話す)

14.4. ～てください [丁寧な命令]

丁寧な命令表現「～てください」(합니다体の命令形)は、尊敬形の II-ㅂ시오により表す。

🔊 活用Check！　(基本形)　(尊敬形 : II-시다)　(尊敬形の II-ㅂ시오)
2-10
오다 – 오시다 – 오십시오
(来る)

찾다 – 찾으시다 – 찾으십시오
(探す)

13.3. で学んだ特別な尊敬形の場合も II-ㅂ시오により丁寧な命令を表すことができる。

드시다, 잡수시다 – 드십시오, 잡수십시오
(召し上がる)

주무시다 – 주무십시오
(お休みになる)

계시다 – 계십시오
（いらっしゃる）

말씀하시다 – 말씀하십시오
（おっしゃる）

例1．잠시만 기다리십시오.
　2．이것을 받으십시오.

練習 4 左右をつないで、「～てください」という文を作ってみよう。
例：학교（学校）／공부하다（勉強する）
　　→학교에서 공부하십시오.

〈A〉
（1）5시（5時）／오다（来る）
（2）거기에（そこに）／앉다（座る）
（3）여기（ここ）／있다（いる）
（4）나고야역（名古屋駅）／버스（バス）／내리다（降りる）

〈B〉
（1）교과서（教科書）／읽다（読む）
（2）가방（カバン）／책（本）／넣다（入れる）
（3）방 안（部屋の中）／주무시다（お休みになる）
（4）이 사과（このりんご）／드시다（召し上がる）

会話しよう
2-11

有紀さんは、病院に行きたいようです。

유키 : ① 가람 씨, 여기 근처에 병원이 있습니까?

가람 : ② 아, 병원은 저쪽에 경찰서와 도서관 사이에 있습니다.

　　　　어디가 안 좋으십니까?

유키 : ③ 네, 머리가 좀 아픕니다.

가람 : ④ 아, 그럼 그 병원에 가면 됩니다.

　　　　지금 가십시오.

유키 : ⑤ 알겠습니다. 3시까지 돌아오면 됩니까?

가람 : ⑥ 아닙니다. 천천히 돌아오십시오.

〈発音ピックアップ〉
①병원이 [병워니] 있습니까? [읻씀니까]
②병원은 [병워는] 저쪽에 [저쪼게] 있습니다 [읻씀니다]
　좋으십니까? [조으심니까]
③아픕니다 [아픔니다]
④병원에 [병워네] 됩니다 [뒘니다] 가십시오 [가십씨오]
⑤알겠습니다 [알겓씀니다] 돌아오면 [도라오면] 됩니까? [뒘니까]
⑥아닙니다 [아님니다] 천천히 [천처니] 돌아오십시오 [도라오십씨오]

コラム ◆ 緊急事態に備えて

　緊急時、韓国では、警察は112、消防は119に電話すればよい。また、ソウル市内の場合、日本語による診療(진료)が受けられる病院(병원)がいくつかあるので、滞在地域の周辺の病院を調べておくとよい。

✎ 書いてみよう

（1）机の上にりんごとみかんがありますか。

（2）図書館の前にカフェとトイレがあります。

（3）品川駅でお降りになればよいです。

（4）教室の中では、帽子を脱いでください。

✐ 伝えよう

（1）韓国から来たお客さんに学校の案内をしてみよう。

여기가 ＿＿＿＿＿＿＿＿입니다.

＿＿＿＿＿＿ ＿＿＿＿＿에 ＿＿＿＿＿가/이 있습니다.
　　[基準]　　　[位置]

＿＿＿＿＿＿에 ＿＿＿＿＿와/과(하고) ＿＿＿＿가/이 있습니다.

＿＿＿＿＿＿ ＿＿＿＿＿에서 ＿＿＿＿를/을 (尊敬形の Ⅱ)＿＿＿＿＿＿ㅂ시오.
　　[基準]　　　[位置]

（2）学校の施設を利用する際に注意すべきことがあれば、教えてあげよう。

＿＿＿＿＿에서 ＿＿＿＿＿를/을 Ⅱ＿＿＿＿＿면 됩니다.

＿＿＿＿＿에서 ＿＿＿＿를/을 Ⅱ＿＿＿＿＿면 안 됩니다.

● 単語バンク（街）

- 구청〈區廳〉(区役所)　극장〈劇場〉(映画館)　박물관〈博物館〉(博物館)
- 서점〈書店〉(本屋)　우체국〈郵遞局〉(郵便局)　은행〈銀行〉(銀行)
- 주유소〈注油所〉(ガソリンスタンド)　파출소〈派出所〉(派出所、交番)
- 호텔〈hotel〉(ホテル)　슈퍼〈super〉(スーパー)　마트〈mart〉(大型スーパー)

第15課 じゃあ、普段は何を食べますか

그럼 음식은 보통 무엇을 먹어요?

  ## 単語と表現

2-12

☐	같이	副 一緒に		☐	얼마	疑 いくら
☐	김밥	名 のり巻き		☐	떡볶이	名 トッポギ
☐	김치	名 キムチ		☐	때	名 時(とき)
☐	누구	疑 誰		☐	만들다	動 作る
☐	늦다	動 遅れる　形 遅い		☐	무슨 ~	冠 何の~
☐	다음	名 次		☐	문제 〈問題〉	名 問題
☐	들다	動 (費用が)かかる		☐	왜	疑 なぜ
☐	사진 〈寫眞〉	名 写真		☐	우리	代 私(わたし)達
☐	살다	動 住む		☐	울다	動 泣く
☐	상 〈賞〉	名 賞		☐	잘	副 よく
☐	소설 〈小説〉	名 小説		☐	~ 정도 〈程度〉	名 ~くらい
☐	소파 〈sofa〉	名 ソファ		☐	찌개	名 鍋料理
☐	씻다	動 洗う		☐	찍다	動 撮る
☐	알다	動 知る、わかる		☐	케이크 〈cake〉	名 ケーキ
☐	어떻게	疑 どのように、どうやって		☐	회의 〈會議〉	名 会議 [~하다]
☐	얼굴	名 顔		☐		

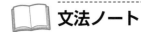 **文法ノート**

15.1. 第Ⅲ語基（1）子音語幹用言

13.2. で第Ⅰ語基、第Ⅱ語基の作り方を学んだが、この課からは3課にわたって第Ⅲ語基の作り方を学んでいく。

　まず、この課では子音語幹用言の第Ⅲ語基についてみてみよう。第Ⅲ語基を作る際には、**語幹末の母音に注目**する。語幹末母音が ㅏ、ㅗ（陽母音）の場合は、第Ⅰ語基に「-**아**-」を、ㅏ、ㅗ以外（陰母音）の場合は、第Ⅰ語基に「-**어**-」をつける。例えば、**받다**（受け取る：陽母音語幹用言）、**먹다**（食べる：陰母音語幹用言）の場合は、以下のようになる。

받다 − 받아- ／ 먹다 − 먹어-

練習 1 次の用言の第Ⅲ語基を作ってみよう。

例：읽다（読む）→ Ⅲ：읽어-

〈A〉
(1) 넣다（入れる）　　(2) 잡다（掴む、取る）
(3) 울다（泣く）　　　(4) 놓다（置く）

〈B〉
(1) 늦다（遅れる）　　(2) 놀다（遊ぶ）
(3) 입다（着る）　　　(4) 닫다（閉める）

15.2. ～です（か）、～ます（か）［해요体（1）］

　第8課のコラムでみたように現代朝鮮語ソウル方言では、「～です・ます体」に相当する丁寧な文体として、かしこまった**합니다**体と、打ち解けた**해요**体の2種が多用される。このうち**합니다**については、すでに 11.2.（平叙形／疑問形）と 14.4.（命令形）で学んだ（**합니다**体の勧誘形は 23.3. を参照）。この課からは、**해요**体の作り方を学んでいくことにする。

　해요体は、Ⅲ-요により作ることができる。**합니다**体とは異なり、平叙形、疑問形、勧誘形、命令形が同形になり、イントネーションにより区別されることに注意しよう。

🔊 活用Check！　　平叙形　　疑問形　　勧誘形　　命令形
2-13

살다 – 살아요 ／ 살아요? ／ 살아요 ／ 살아요
(住む)

먹다 – 먹어요 ／ 먹어요? ／ 먹어요 ／ 먹어요
(食べる)

※CDをよく聞いて、イントネーションの違いを区別できるようになろう。

　否定形は、안 Ⅲ-요［前置否定形］、あるいは、Ⅰ-지 않아요［後置否定形］により表される。

받다　┌ 안 받다 – 안 받아요 ／ 안 받아요?
(受け取る)└ 받지 않다 – 받지 않아요 ／ 받지 않아요?

읽다　┌ 안 읽다 – 안 읽어요 ／ 안 읽어요?
(読む)└ 읽지 않다 – 읽지 않아요 ／ 읽지 않아요?

例1. 가람 씨는 어디에 살아요? – 저는 회사 근처에 살아요.
　 2. 유키 씨, 지금 무엇을 먹어요? – 저는 지금 떡볶이를 먹어요.
　 3. 메이 씨는 소설을 읽어요? – 아뇨, 저는 소설을 안 읽어요/읽지 않아요.

練習 2 練習1の用言を以下の要領で해요体にしてみよう。
例：받다（受け取る）→ 받아요／받아요?／안 받아요／받지 않아요

〈A〉
（1）넣다（入れる）　　（2）잡다（掴む、取る）
（3）울다（泣く）　　　（4）놓다（置く）

〈B〉
（1）늦다（遅れる）　　（2）놀다（遊ぶ）
（3）입다（着る）　　　（4）닫다（閉める）

練習 3 해요体で質問とそれに答える文を作ってみよう。
例：케이크를 만들다（ケーキを作る）
　　→케이크를 만들어요? – 네, 만들어요.
　　　　　　　　　　　 – 아뇨, 안 만들어요./만들지 않아요.

〈A〉
（1）상을 받다（賞をとる）
（2）모자를 벗다（帽子を脱ぐ）
（3）오늘 학교에 늦다（今日、学校に遅れる）
（4）소파에 앉다（ソファーに座る）

〈B〉
（1）얼굴을 씻다（顔を洗う）
（2）우리도 사진을 찍다（私（わたし）達も写真を撮る）
（3）운동장에서 놀다（運動場で遊ぶ）
（4）문제가 있다（問題がある）

■ 15.3. いつ、誰、どこ… [疑問詞]

主な疑問詞をまとめてみよう。

🔊 **언제**（いつ）／ **누구**（誰）／ **어디**（どこ）／ **무엇**（何）
2-14

왜（なぜ）／ **어떻게**（どうやって）／ **얼마**（いくら）

※日本語では、「あの人は誰ですか」、「誕生日はいつですか」のように疑問詞疑問文には「〜は」を用いるのが普通だが、朝鮮語では初めて何かについて尋ねる時には、「-가/이」を用いるのが普通である（「-는/은」を用いると、比較や強調のニュアンスを帯びることになる）。　例：이것이 무엇입니까？ 그럼, 그것은 무엇입니까？

※日本語の「何」は、무엇だけではなく、その意味に応じて以下のように現れることもあるので、注意。
몇 번(何回)、몇 학년(何年生)、몇 살(何歳)【数】
무슨 요일(何曜日)【選択】

※누구（誰）に助詞-가がつく時は、누구가（×）ではなく、누가（誰が）となる。

※各疑問詞の助詞との結合規則を○、×で示すと、次の表のようになる。

		가/이	는/은	에	에서	부터	까지
언제	いつ	○	×	×	×	○	○
누구	誰	○(누가)	×	×	×	○	○
어디	どこ	○	×	○	○	○	○
무엇	何	○	×	○	○	○	○
왜	なぜ	×	×	×	×	×	×
어떻게	どうやって	×	×	×	×	×	×
얼마	いくら	○	×	○	×	○	○

練習 4 朝鮮語に訳してみよう（文末は、特に指示のない場合は、해요体で書くこと）。

〈A〉

（1）何がありませんか。

（2）この中で誰を知っていますか。

（3）この本をどこに入れますか。

（4）ここはどこですか。－ここは明洞（명동）です。　※합니다体で。

　　　　　　　　　　　　　　　　　　　　　　　　［初めて場所について尋ねる場合］

〈B〉

（1）なぜ泣くのですか。

（2）いくらがかかりますか。［費用について聞く場合］

（3）いつまで大阪で遊びますか。

（4）この窓はどうやって開けますか。

15.4. 鼻音化２ －流音の鼻音化－

　終声ㅁ、ㅇに流音ㄹが続くと、続く**流音ㄹは鼻音ㄴとして発音**される。これを「流音の鼻音化」という。

🔊》 심리［심니／ʃimni］〈心理〉（心理）　종류［종뉴／joŋnju］〈種類〉（種類）
2-15

練習 5 読んでみよう。

1. 음력 〈陰暦〉（陰暦）
2. 정리 〈整理〉（整理）
3. 금리 〈金利〉（金利）
4. 항로 〈航路〉（航路）
5. 승리 〈勝利〉（勝利）
6. 침략 〈侵略〉（侵略）
7. 대통령 〈大統領〉（大統領）
8. 동료 〈同僚〉（同僚）

※本課の練習5、練習6の単語は発音練習用なので、覚えなくてもよい。

15.5. 鼻音化3 －口音と流音の鼻音化－

6.2. で学んだ口音の鼻音化と、15.4. で学んだ流音の鼻音化が同時に起こることもある。これを「口音と流音の鼻音化」という。

$$\frac{[^p],[^k]}{(終声＝口音)} + \frac{ㄹ}{(初声＝流音)}$$

$$→ \frac{ㅁ,ㅇ}{(終声＝鼻音)} + \frac{ㄴ}{(初声＝鼻音)}$$

練習 6 読んでみよう。

2-16

1. 법률〈法律〉(法律)
2. 협력〈協力〉(協力)
3. 석류〈石榴〉(ざくろ)
4. 독립〈獨立〉(独立)
5. 국립〈國立〉(国立)
6. 압력〈壓力〉(圧力)
7. 숙박료〈宿泊料〉(宿泊料)
8. 급료〈給料〉(給料)
9. 독립문〈獨立門〉(独立門)
10. 합리적〈合理的〉(合理的)

폭력없는
지하철 만들기
역 직원에게 폭언·폭행 등을
할 경우 철도안전법 및 관련법
등에 의해 처벌을 받게 됩니다.

EPSON
EXCEED YOUR VISION

쉽고 빠른
정리 노하우!
라벨 프린터 - 효율의 시작

会話しよう

2-17

有紀さんの友人、メイさんが有紀さんに会いに来ています。

준호 : ① 메이 씨는 언제까지 한국에 있어요?

메이 : ② 아! 저는 다음 달 23일까지 한국에 있습니다.

준호 : ③ 그때까지는 어디에서 살아요?

메이 : ④ 네. 유키 씨 집 옆에 살아요.

준호 : ⑤ 그럼 음식은 보통 무엇을 먹어요?

메이 : ⑥ 음, 김치찌개와 김밥을 잘 먹어요.

　　　　보통10,000원 정도(가) 들어요.

〈発音ピックアップ〉
①한국에 [한구게] 있어요? [이써요]
②다음 달 [다음딸] 23일 [이십싸밀] 있습니다 [읻씀니다]
③살아요? [사라요]
④집 옆에 [짐녀페]
⑤음식은 [음시근] 무엇을 [무어슬] 먹어요? [머거요]
⑥김밥을 [김빠블] 10,000원 [마눤] 들어요 [드러요]

コラム ◆ 韓国で日本の食べ物を食べてみる

　韓国でトンカツ(돈가스)を食べると、豚肉(돼지고기)があまりに薄く切られており、驚くことがある。また、街の屋台を覗いてみると、おでん(오뎅)やたこ焼き(다코야키)などがよく売られているが、いずれも日本のそれとはちょっと味が違う。最近は、街に日本式の居酒屋(이자카야)も増えている。日本の食べ物を韓国式(한국식)で楽しんでみるのも一興だろう。

書いてみよう （文末は、해요体で書くこと）

（1）私は、食堂でビビンバを食べます。
（2）教室の中にアルム(아름)さんと誰がいますか。
（3）吉田さんは、普段(→普通)どこで遊びますか。
（4）有紀さんは、いつまで図書館にいますか。

伝えよう

놀다　먹다　받다　알다(否定は未習)　읽다　입다

※ ｛　｝は、使用する動詞によって適宜、取捨選択すればよい。

（1）Q：＿＿＿＿는/은 ｛＿＿＿에서 ＿＿＿＿를/을｝Ⅲ＿＿＿＿요？

　　A1：네,＿＿＿는/은 ｛＿＿＿에서 ＿＿＿를/을｝Ⅲ＿＿＿＿요.

　　A2：아뇨,＿＿＿는/은 ｛＿＿에서 ＿＿를/을｝　안 Ⅲ＿＿＿＿요.

　　　　　　　　　　　　　　　　　　　　　　Ⅰ＿＿＿＿지 않아요.

　　　｛＿＿＿에서 ＿＿＿＿를/을｝Ⅲ＿＿＿＿요.

넣다　놓다　늦다　살다　없다　있다

（2）Q：＿＿＿는/은 ＿＿＿에 ｛＿＿＿를/을｝Ⅲ＿＿＿＿요？

　　A1：네,＿＿＿는/은 ＿＿＿에 ｛＿＿＿를/을｝Ⅲ＿＿＿＿요.

　　A2：아뇨,＿＿＿는/은 ＿＿＿에 ｛＿＿＿를/을｝　안 Ⅲ＿＿＿＿요.

　　　　　　　　　　　　　　　　　　　　　　Ⅰ＿＿＿＿지 않아요.

　　　＿＿＿에 ｛＿＿＿를/을｝Ⅲ＿＿＿＿요.

単語バンク （食べ物）

갈비（カルビ）　삼겹살（サムギョプサル）　냉면〈冷麵〉（冷麺）
국수（手打ちうどん）　김밥（のり巻き）　불고기（プルコギ）
회〈膾〉（刺身）　초밥〈醋-〉（寿司）　튀김（天ぷら）　덮밥（丼）

韓国料理の中で何が好きですか

한국 음식 중에 무엇을 좋아해요?

  単語と表現

2-18

☐	가지다	動 持つ		☐	미안하다 〈未安-〉	形 すまない、申し訳ない
☐	그러면	接 それでは		☐	밤	名 夜
☐	끝나다	動 終わる		☐	보내다	動 送る
☐	낚시	名 釣り		☐	비행기 〈飛行機〉	名 飛行機
☐	낮	名 昼		☐	서다	動 立つ
☐	노래	名 歌 [~하다：歌を歌う]		☐	세다	形 強い
☐	다니다	動 通う		☐	쇼핑 〈shopping〉	名 買い物 [~하다]
☐	되다	動 なる		☐	싫어하다	動 嫌いだ
☐	등산 〈登山〉	名 登山 [~하다]		☐	아침	名 朝
☐	못하다	動 下手だ		☐	잘하다	動 上手だ
☐	여름	名 夏		☐	저녁	名 夕方
☐	여행 〈旅行〉	名 旅行 [~하다]		☐	~ 중에 〈-中-〉	表現 ~の中で
☐	오전 〈午前〉	名 午前		☐	지내다	動 過ごす
☐	오후 〈午後〉	名 午後		☐	직장 〈職場〉	名 職場
☐	옷	名 服		☐	펴다	動 開く、開ける
☐	외우다	動 覚える		☐	편하다 〈便-〉	形 楽だ
☐	유학 〈留學〉	名 留学 [~하다]		☐		

※ ~になる： -가/이 되다

文法ノート

16.1. 第Ⅲ語基（2）母音語幹用言

　この課では、母音語幹用言の第Ⅲ語基の作り方を学ぶ。語幹末母音が ├ 、⊥（陽母音）の場合は「-아-」を、├ 、⊥以外（陰母音）の場合は「-어-」をつけるという原則は 15.1. で学んだとおりだが、母音語幹の場合、以下のような脱落、融合が起こることに注意。

[-아／어-脱落型]
① 〜├（다）+ -아- → ├　　例）사다（買う）：사+ -아- → 사-
② 〜┤（다）+ -어- → ┤　　例）서다（立つ）：서+ -어- → 서-
③ 〜ㅕ（다）+ -어- → ㅕ　　例）펴다（開く、開ける）：펴+ -어- → 펴-
④ 〜ㅐ（다）+ -어- → ㅐ　　例）지내다（過ごす）：지내+ -어- → 지내-
⑤ 〜ㅔ（다）+ -어- → ㅔ　　例）세다（強い）：세+ -어- → 세-

[融合型]
⑥ 〜⊥（다）+ -아- → ㅘ　　例）보다（見る）：보+ -아- → 봐-
⑦ 〜ㅜ（다）+ -어- → ㅝ　　例）배우다（習う）：배우+ -어- → 배워-
⑧ 〜│（다）+ -어- → ㅕ　　例）마시다（飲む）：마시+ -어- → 마셔-
⑨ 〜ㅚ（다）+ -어- → ㅙ　　例）되다（なる）：되+ -어- → 돼-

　なお、（○○）하다の形をとる「하다用言」の場合は、第Ⅲ語基が「（○○）해」になる。これは例外としてそのまま覚えてしまおう。

> ※母音語幹用言であっても、쉬다（休む）や희다（白い）など、語幹末母音が-ㅟや-ㅢの場合には、「-어-」との間で融合が起こらない（文字上、組み合わせてみても、成立しないことがわかるだろう）。

※p.108〜109の表で、これまでに学習した用言の語基の作り方を復習しよう。

[練習 1] 次の用言の第Ⅲ語基を作ってみよう。
例：가다（行く）→ Ⅲ：가-

（1）싸다（安い）　　　　　　（2）가지다（持つ）
（3）주다（あげる、くれる）　（4）내다（出す）
（5）오다（来る）　　　　　　（6）자다（寝る）
（7）외우다（覚える）　　　　（8）다니다（通う）
（9）좋아하다（好きだ）　　　（10）되다（なる）
（11）보내다（送る）　　　　　（12）타다（乗る）

16.2. ～です（か）、～ます（か）[해요체（2）]

16.1. で学んだ第Ⅲ語基に「-요」をつけると、やはり해요体になる（平叙形、疑問形、勧誘形、命令形が同形になり、イントネーションにより区別される）。

🔊🎵 活用Check！　　　　平叙形　　　　疑問形　　　　勧誘形　　　　命令形
2-19

만나다 – 만나요 ／ 만나요？ ／ 만나요 ／ 만나요
（会う）

가지다 – 가져요 ／ 가져요？ ／ 가져요 ／ 가져요
（持つ）

例 1. 한 시에 수업이 끝나요.
　 2. 학교에서 한국어를 배워요.
　 3. 주말에 청소를 해요.

練習 **2** 練習１の用言を以下の要領で해요体にしてみよう。
例：만나다 （会う） – 만나요.／만나요？／안 만나요.／만나지 않아요.

（1）싸다 （安い）　　　　　　　（2）가지다 （持つ）
（3）주다 （あげる、くれる）　　（4）내다 （出す）
（5）오다 （来る）　　　　　　　（6）자다 （寝る）
（7）외우다 （覚える）　　　　　（8）다니다 （通う）
（9）좋아하다 （好きだ）　　　　（10）되다 （なる）
（11）보내다 （送る）　　　　　（12）타다 （乗る）

練習 **3** 해요体で質問とそれに答える文を作ってみよう。
例：서울 대학교에 다니다 （ソウル大学に通う）
　　　→서울 대학교에 다녀요？ – 네, 다녀요.
　　　　　　　　　　　　　　　 – 아뇨, 안 다녀요.／다니지 않아요.

〈A〉
（1）한국에서 옷을 사다 （韓国で服を買う）
（2）학교 앞에서 기다리다 （学校の前で待つ）
（3）돈을 내다 （お金を払う）
（4）도서관에서 공부하다 （図書館で勉強する）
（5）7월부터 여름이 되다 （7月から夏になる）

〈B〉
(1) 옷이 편하다 （服が楽だ）
(2) 그 사람은 잘 지내다 （その人は元気に過ごす）
(3) 값이 싸다 （値段が安い）
(4) 한국어를 배우다 （朝鮮語を習う）
(5) 주스를 마시다 （ジュースを飲む）

16.3. 注意すべき助詞の用法

　これまで学んできたように朝鮮語の助詞は、日本語の助詞と概ね並行した用法を持つが、中には注意を要する用法を持つものもある。この課では、そのうちいくつかを学ぶ。

■ -에の用法

　11.3.（12.2.）で「〜に」にあたる助詞が「-에」であることを学んだ。この助詞は、前に場所や時を表す語がくることが典型的であるが、時を表す用法においては、日本語では「〜に」が入らない（あるいは入らなくてもよい）場合であっても省略ができないことがある。例えば、以下のような語につく場合である。

〜요일 （〜曜日）、**주말** （週末）、**오전** （午前）、**오후** （午後）、

아침 （朝）、**낮** （昼）、**저녁** （夕方）、**밤** （夜）

（この他に助詞-에を伴う名詞類は、第10課の単語バンクを参照）

　ただし、時を表す語であっても、어제（昨日（20課））、오늘（今日）、내일（明日（17課））や올해（今年）、지금（今）などの後にはつかないので、注意。

■ -를/을の用法

　11.3.（12.2.）で「〜を」にあたる助詞が「-를/을」であることを学んだ。この助詞は、日本語では「〜を」を使用しない場合にも現れることがある。既習のものも含めて、注意すべきものは以下のとおりである。日本語訳との違いに注意して覚えよう。

-를/을 만나다（〜に会う）
-를/을 타다（〜に乗る）
-를/을 좋아하다 [싫어하다]（〜が好きだ ［嫌いだ］）
-를/을 잘하다 [못하다]（〜が上手だ ［下手だ］）
-를/을 가다（〜に行く）※학교（学校）、직장（職場）など
〜를/을 가다（〜に行く）※낚시（釣り）、쇼핑（買物）、여행（旅行）、
　　　　　　　　　　　　　　　등산（登山）、유학（留学）など ［動作名詞］

🔊》 例 1. 오후에 선생님을 만나요.
2-20
2. 아침에는 회사까지 버스를 탑니다.
3. 저는 1월을 좋아해요 (싫어해요).
4. 올해 일본에 여행을 가요.

練習 4 朝鮮語に訳してみよう（文末は、해요体で書くこと）。

〈A〉
（1）明日、カフェで友達に会います。
（2）ソウルから釜山まで飛行機に乗ります。
（3）私は山田さんのことが好きです。
（4）朝、母と一緒に買い物に行きます。

〈B〉
（1）有紀さんは、朝鮮語が上手ですか。
（2）私は歌が下手です。
（3）午後、学校に行けばよいです。
（4）私も旅行が嫌いです。

［復習用］
以下の用言の意味と、第Ⅰ語基、第Ⅱ語基、第Ⅲ語基を書いてみよう。語基が正しく作れたら、
Ⅰ-고（〜て）、Ⅱ-시다（〜なさる：尊敬）、Ⅲ-요（〜です（か）、〜ます（か）：해요体）を付け
て発音してみよう。

		意味	Ⅰ	Ⅱ	Ⅲ
1	먹다				
2	자다				
3	많다				
4	있다				
5	싸다				
6	앉다				
7	배우다				
8	읽다				
9	가르치다				
10	없다				
11	비싸다				
12	오다				
13	받다				

		意味	Ⅰ	Ⅱ	Ⅲ
14	걸리다				
15	괜찮다				
16	내다				
17	만나다				
18	벗다				
19	웃다				
20	일어나다				
21	찍다				
22	가지다				
23	보내다				
24	서다				
25	늦다				
26	외우다				
27	세다				
28	되다				
29	기다리다				
30	나가다				
31	넣다				
32	사다				
33	잘하다				
34	쉬다				
35	보다				
36	입다				
37	작다				
38	다니다				
39	좋아하다				
40	타다				
41	찾다				
42	씻다				
43	주다				
44	지내다				
45	끝나다				
46	마시다				
47	펴다				
48	가다				

会話しよう

2-21

お昼ご飯の時間になったようです。

가람 : ① 유키 씨는 한국 음식 중에 무엇을 좋아해요?

오늘 같이 점심을 먹어요!

유키 : ② 아, 좋아요. 저는 김치찌개를 좋아해요.

값도 싸고 맛도 있어요.

가람 : ③ 좋아요! 밥을 먹고 커피도 같이 마셔요.

유키 : ④ 아…, 저는 커피를 싫어해요.

가람 : ⑤ 아, 미안해요. 그러면 유키 씨는 주스를 마셔요.

유키 : ⑥ 좋아요! 벌써 점심 시간입니다. 가요, 우리.

〈発音ピックアップ〉

①한국 음식 중에 [한구금식쭝에] 무엇을 [무어슬] 좋아해요? [조아해요]
　같이 [가치] 점심을 [점시믈] 먹어요 [머거요]
②좋아요 [조아요] 값도 [갑또] 맛도 [맏또] 있어요 [이써요]
③밥을 [바블] 먹고 [먹꼬]
④싫어해요 [시러해요]
⑤미안해요 [미아내요]
⑥시간입니다 [시가님니다]

コラム ◆ 一緒に食べる文化

　一般に韓国人は、公私を問わず日本人より食事(식사)を共にすることを好む傾向がある。注文(주문)した食べ物を分け合うことも多く、鍋(찌개)などは直箸でつつき合うのが基本である。また、何より日本と大きく異なるのは、会計(계산)の際に割り勘(더치페이)をあまりしないということである。親しい人であれば、今日は自分が払っても次は相手が払ってくれるだろう、という考えがあるのかもしれない。

書いてみよう（文末は、해요体で書くこと）

（1）私は、朝、コーヒーと麦茶を買います。
（2）田中さんはここで寝て、山本さんはあそこで寝ます。
（3）カラムさんは、東京から大阪まで新幹線に乗ります。
（4）有紀さんも朝鮮語が上手ですか。

伝えよう

> 가지다　내다　다니다　마시다　배우다　보내다　보다
> 사다　오다　외우다　자다　주다

（1）Q : ＿＿＿＿는/은 {＿＿＿에서 ＿＿＿를/을} Ⅲ＿＿＿요?
　　A 1 : 네, ＿＿＿는/은 {＿＿에서 ＿＿＿를/을} Ⅲ＿＿＿요.
　　A 2 : 아뇨, ＿＿＿는/은 {＿＿＿에서 ＿＿＿를/을}
　　　　　　　　　　　{ 안 Ⅲ＿＿＿요.
　　　　　　　　　　　{ Ⅰ＿＿＿지 않아요.

　　　　　{＿＿＿에서 ＿＿＿를/을} Ⅲ＿＿＿요.

（2）Q : ＿＿＿는/은 ＿＿＿에 {＿＿＿를/을} Ⅲ＿＿＿요?
　　A 1 : 네, ＿＿＿는/은 ＿＿＿에 {＿＿＿를/을}
　　　　　　　　　　　　　　　　　Ⅲ＿＿＿요.
　　A 2 : 아뇨, ＿＿＿는/은 ＿＿＿에 {＿＿＿를/을}
　　　　　　　　　　　{ 안 Ⅲ＿＿＿요.
　　　　　　　　　　　{ Ⅰ＿＿＿지 않아요.

　　　　＿＿＿에 {＿＿＿를/을} Ⅲ＿＿＿요.

> 가다　만나다　못하다　싫어하다　잘하다　좋아하다　타다

＿＿＿는/은 ＿＿＿를/을 Ⅲ＿＿＿요.

単語バンク（飲み物）

식혜〈食醯〉（シッケ（甘酒のような発酵飲料））
수정과〈水正果〉（スジョングァ（干し柿、生姜、桂皮などで作られた伝統飲料））　물（水）
소주〈燒酒〉（焼酎）　막걸리（マッコリ）　콜라〈cola〉（コーラ）
사이다〈cider〉（サイダー）　녹차〈綠茶〉（緑茶）　홍차〈紅茶〉（紅茶）
레몬티〈lemon tea〉（レモンティー）　카페 라떼〈café latte〉（カフェラテ）
아이스 아메리카노〈ice americano〉（アイスアメリカンコーヒー）

2-22 **応用会話 2**

ここでは、13課から16課で学んだ内容を復習しながら、少し長めの会話に挑戦してみよう。

——有紀さんの誕生日パーティーの話をしています。

①**유키** : 다음 주 목요일이 제 생일입니다.

　　　　모두 저희 집에 오십시오.

②**가람** : 우와, 미리 축하합니다. 그런데 집이 어디입니까?

③**유키** : 음, 중학교와 경찰서 사이에 있어요.

　　　　럭키 맨션 201호입니다.

　　　　낙성대 역에서 버스를 타고 10분 정도 오시면 돼요.

④**메이** : 제가 유키 씨 집을 잘 알아요.

　　　　저하고 역에서 같이 가요.

　　　　그런데 몇 시까지 가면 돼요?

⑤**유키** : 5시까지 집에 도착하시면 돼요.

　　　　가람 씨, 메이 씨, 음식은 무엇을 좋아해요?

⑥**가람** : 저는 요새 파스타가 참 좋아요. 아, 피자도 좋아요.

⑦**메이** : 저도 파스타하고 피자를 좋아해요. 잘 부탁합니다!

単語と表現
2-23

☐	**다음 주** 〈-週〉	名来週
☐	**모두**	名/副みんな
☐	**미리**	副先に、前もって
☐	**중학교** 〈中學校〉	名中学校
☐	**맨션** 〈mansion〉	名アパート
☐	**도착하다** 〈到着-〉	動着く、到着する
☐	**요새**	名この頃
☐	**파스타** 〈pasta〉	名パスタ
☐	**피자** 〈pizza〉	名ピザ

※초등학교 〈初等學校〉 名小学校
　고등학교 〈高等學校〉 名高校

〈さあ、話そう！〉

A : ＿＿＿＿＿＿ ＿＿＿＿＿이 제 생일입니다.

　　모두 ＿＿＿＿＿에 오십시오.

B : 우와, 미리 축하합니다.

　　그런데 ＿＿＿＿＿＿가/이 어디입니까?

A : 음, ＿＿＿＿＿와/과 ＿＿＿＿＿ 사이에 있어요.

　　＿＿＿＿＿＿＿＿＿＿＿＿＿입니다.

　　＿＿＿에서 ＿＿＿를 타고 ＿＿＿분 정도 오시면 돼요.

C : 제가 ＿＿＿를/을 잘 알아요.

　　저하고 ＿＿＿에서 같이 가요. 그런데 몇 시까지 가면 돼요?

A : ＿＿＿＿＿까지 ＿＿＿＿＿에 Ⅱ＿＿＿＿＿시면 돼요.

　　＿＿＿＿＿ 씨, ＿＿＿＿＿ 씨, 음식은 무엇을 좋아해요?

B : 저는 요새 ＿＿＿가 참 좋아요. 아, ＿＿＿＿＿도 좋아요.

C : 저도 ＿＿＿하고 ＿＿＿를/을 좋아해요. 잘 부탁드립니다!

明洞駅にですか
명동역에요?

  単語と表現

2-24

☐	감상 〈鑑賞〉	名鑑賞 [～하다]	☐	반 〈半〉	名半 （30分）
☐	강남 〈江南〉	名江南 (ソウル 漢江の南側の地区)	☐	볼일	名用事
☐	건물 〈建物〉	名建物	☐	부탁하다 〈付託-〉	動頼む
☐	공원 〈公園〉	名公園	☐	빨리	副速く
☐	구두	名靴	☐	설거지	名皿洗い、食後の後片付け [～하다]
☐	군대 〈軍隊〉	名軍隊	☐	야근 〈夜勤〉	名夜勤 [～하다]
☐	그래도	接それでも	☐	약 〈藥〉	名薬
☐	그림	名絵	☐	엽서 〈葉書〉	名葉書
☐	기자 〈記者〉	名記者	☐	영어 〈英語〉	名英語
☐	깻잎	名エゴマの葉	☐	요즘	名最近
☐	나이	名年	☐	용돈 〈用-〉	名お小遣い
☐	남자친구 〈男子親舊〉	名彼氏	☐	이따가	副後で
☐	내일 〈來日〉	名明日	☐	이름	名名前
☐	농구 〈籠球〉	名バスケットボール [～하다]	☐	일찍	副早く
☐	담요	名毛布	☐	자주	副よく （頻度）
☐	두통 〈頭痛〉	名頭痛	☐	조심하다 〈操心-〉	動気を付ける
☐	매일 〈每日〉	名毎日	☐	지하철 〈地下鐵〉	名地下鉄
☐	문 〈門〉	名ドア	☐		

文法ノート

▌17.1. ～です(か)、～ます(か) [해요체（3）]

この課では、やや特殊な해요체の作り方を学ぶ。まず、指定詞「-이다」(～だ、である)、「-가/이 아니다」(～ではない)の해요체(Ⅲ-요)は、以下のようになる。「-이다」の第Ⅲ語基がパッチムの有無によって異なる形をとることにも注意。

	～だ (基本形)	～です(か) (해요체)
パッチムなし体言	-이다	-예요(?)
パッチムあり体言		-이에요(?)

	～ではない (基本形)	～ではありません(か) (해요체)
パッチムなし体言	-가 아니다	-가 아니에요(?)
パッチムあり体言	-이 아니다	-이 아니에요(?)

なお、パッチムなし体言につく「-예요」は、実際には[에요]と発音されるので、注意。

2-25

농구 – 농구예요 / 농구가 아니에요
(バスケットボール)

회사원 – 회사원이에요 / 회사원이 아니에요
(会社員)

例 1. 취미가 농구예요? – 아뇨, 제 취미는 농구가 아니에요.
　　2. 가람 씨는 회사원이에요? – 네, 저는 회사원이에요.

練習 1 「～は」、「～が」などを用いて質問を作り、それに「いいえ」で答える文を作ってみよう。

例：가람 씨（カラムさん）／학생（学生）
　　→가람 씨는 학생이에요?→아뇨,（가람 씨는）학생이 아니에요.

〈A〉
（1）취미（趣味）／음악 감상（音楽鑑賞）
（2）그분（その方）／유키 씨 친구（有紀さんの友達）
（3）오늘（今日）／10월 26일（10月26日）
（4）저 과일（あの果物）／사과（りんご）

〈B〉
（1）내일 （明日）／토요일 （土曜日）
（2）이 건물 （この建物）／경찰서 （警察署）
（3）그 사람 （その人）／21살 （21歳）
（4）친구 이름 （友達の名前）／유키 （有紀）

17.2. 〜です（か）、〜ます（か）［해요体（4）］

　13.3. で学んだ尊敬形（Ⅱ-시다）を해요体（Ⅲ-요）にする場合は、第Ⅲ語基が-시-＋-어-→-셔-とはならずに-세-になり、結果としてⅡ-세요になる。この形は、（動詞の場合）平叙形、疑問形、命令形が同形となる。

🔊 活用Check！

2-26

		平叙形	疑問形	命令形

보다 – 보시다　　– 보세요　／ 보세요？　／ 보세요
（見る）

찾다 – 찾으시다　– 찾으세요 ／ 찾으세요？ ／ 찾으세요
（探す）

선생님이다 – 선생님이시다　– 선생님이세요 ／ 선생님이세요？
（先生だ）

（指定詞は命令形なし）

※例えば、上の３つの「보세요」を합니다体に直すと、보십니다（平叙形）、보십니까？（疑問形）、보십시오（命令形）となる（8.2. で学んだ挨拶ことば「안녕하세요？」、「안녕히 가세요」の합니다体を思い出してみよう）。

　また、特別な尊敬形（→ 13.3.）の해요体は、以下のとおりである。

드시다, 잡수시다 – 드세요, 잡수세요
（召し上がる）

주무시다 – 주무세요
（お休みになる）

계시다 – 계세요
（いらっしゃる）

말씀하시다 – 말씀하세요
（おっしゃる）

例1. 사장님께서는 공원에서 매일 운동을 하세요.
　2. 차가 옵니다. 조심하세요.
　3. 이분은 저희 영어 선생님이세요.

練習 2 Ⅱ－세요の形に変えて、3(2)通りの日本語に訳してみよう。
例：내일 오다（明日来る）
　　→내일 오세요./?　明日いらっしゃいます。[平叙]
　　　　　　　　　　　明日いらっしゃいますか。[疑問]
　　　　　　　　　　　明日いらっしゃってください。[命令]

〈A〉
（1）학교에 다니다（学校に通う）
（2）사진을 찍다（写真を撮る）
（3）여기에서 식사하다（ここで食事する）
（4）자주 웃다（よく笑う）

〈B〉
（1）용돈을 주다（お小遣いをあげる）
（2）사장님이다（社長だ）
（3）거기에서 기다리다（そこで待つ）
（4）저것을 찾다（あれを探す（探している））

17.3. ㄴ挿入

　主に合成語で(1)前の要素が子音で終わり、(2)後の要素が［이］や［야、유、예、얘、요、여］(ヤ行半母音)で始まる場合に、後ろの要素の初声にㄴが挿入されることがある。

🔊 두통（頭痛）＋ 약（薬）→［두통냑］
2-27
부산（釜山）＋ 역（駅）→［부산녁］

なお、ㄴ挿入が起こった結果、鼻音化や流音化が起こる場合もある。

한국 (韓国) + 영화 (映画) → [(한국녕화 →) 한궁녕화]

서울 (ソウル) + 역 (駅) → [(서울녁 →) 서울력]

練習 **3** 読んでみよう。

(1) 그림엽서 〈-葉書〉(絵葉書)　　(2) 강남역 〈江南驛〉(江南駅)
(3) 담요 (毛布)　　　　　　　　　(4) 무슨 일 (どんな用事)
(5) 십육 〈十六〉(16)　　　　　　 (6) 볼일 (用事)
(7) 중국 요리 〈中國料理〉(中華料理)　(8) 깻잎 (エゴマの葉)
(9) 지하철역 〈地下鐵驛〉(地下鉄の駅)　(10) 안 입어요 (着ません)

17.4. ～ですか？ (聞き返し) [丁寧さを表す요]

　日本語でも丁寧に話すべき相手に「田中さんが？」、「これも？」などと聞き返すと失礼になることがあるが、朝鮮語でもやはり「다나카 씨가？」、「이것도？」などと言うと、丁寧さが一切含まれない文になってしまう。そこで、こうした場合には発話の末尾に「丁寧さを表す요」をつけ、「다나카 씨가요？」、「이것도요？」ということで一定の丁寧さを示すことができる。

　丁寧さを表す요は、「聞き返すことば＋요？」により表され、日本語では「～ですか？／～ですって？／～のことですか？」などと訳される。

	～ですって？
パッチムなし	-요？
パッチムあり	

　この丁寧さを表す요は語尾(文末)以外であれば、名詞や助詞、副詞など様々な要素につくことができ、聞き返す時以外にも丁寧さを加えたい時には文中の位置を問わず、いつでも使用が可能である。パッチムの有無に関わらず「-요」を用いるが、子音で終わる要素に「-요」がつく時には、合成語の場合と同様にㄴ挿入(17.3.参照)が起こることに注意。
例：친구를요？ (友達をですか？) [친구를뇨→친구를료]
　　-네, 친구를요. (はい、友達をです)

　なお、日本語と同じように「-는/은…」(～は…)の聞き返しは、「…가요／이요？」(～がですか？)になる。→以下の例2を参照。

🔊 例 1. 내일 하나 씨가 일본에 가요.
2-28
　　　－ 내일요？／하나 씨가요？／일본에요？
　　　－ 네, 내일요.／하나 씨가요.／일본에요.
　　2. 유키 씨는 요즘 한국어를 공부해요.
　　　－ 유키 씨가요？／요즘요？／한국어를요？
　　　－ 네, 유키 씨가요.／요즘요.／한국어를요.

練習 4 色々な聞き返しや応答をして、日本語に訳してみよう。

例：가람 씨는 신촌 역에서 내려요. カラムさんは、新村駅で降ります。
　　－ 가람 씨가요？／신촌 역에서요？　　カラムさんがですか／新村駅でですか。
　　－ 네, 가람 씨가요.／네, 신촌 역에서요.はい、カラムさんがです／新村駅でです。

〈A〉
（1）준호 씨는 8월 17일에 한국에 가요.
（2）남자친구가 군대에 있어요.
（3）선생님께서는 매일 아침에 신문을 읽으세요.
（4）유키 씨는 유카타를 자주 입으세요.

〈B〉
（1）어머니는 주말에 형한테 설거지를 부탁하세요.
（2）아버지는 집 안에서 구두를 닦으세요.
（3）수진 씨는 9시까지 경찰서에 가면 돼요.
（4）명수 씨는 지금은 학생이 아니예요.

会話しよう

2-29

カラムさんは、ソウルの繁華街、明洞に行くようです。

가람 : ① 저 이따가 명동역에 가요.

유키 : ② 아, 가람 씨가요? 명동역에요?

　　　 음-, 무슨 일이에요?

가람 : ③ 명동역에서 8시 반에 친구를 만나요.

유키 : ④ 그런데 왜 8시 반이에요? 너무 늦어요.

가람 : ⑤ 아, 친구가 기자예요.

　　　 친구가 오늘은 8시까지 야근을 해요.

유키 : ⑥ 아, 네. 가람 씨, 그래도 일찍 돌아오세요.

〈発音ピックアップ〉
① 명동역에 [명동녀게]
② 무슨 일이에요? [무슨니리에요]
③ 8시 반에 [여덜씨 바네]
④ 반이에요? [바니에요]　늦어요 [느저요]
⑤ 기자예요 [기자에요]　오늘은 [오느른]　야근을 해요 [야그느래요]
⑥ 돌아오세요 [도라오세요]

コラム ◆ ソウルの地下鉄

　ソウルも東京同様、地下鉄(지하철)が発達した都市である。主要路線としては1号線(일호선)から9号線(구호선)までがあり、市民の足として利用されている。ソウルで地下鉄に乗る際には、T-money(티머니)とよばれるプリペイド式の交通カードを持っておくと便利である。これは日本の首都圏で利用されるSuicaやPASMOと同様の機能を持つもので、地下鉄以外にもバスやタクシーに乗る時、コンビニ(편의점)で買い物をする時、公衆電話(공중전화)で電話をする時にも使用できる。

書いてみよう（1～3、4の前半の文末は、**해요**体で書くこと）

（1）カラムさんは、専攻が日本語です。

（2）先生は(→におかれましては)、江南駅で降りられます。

（3）あの建物で食事なさってください。[遠くにあるものを指さして言う場合]

（4）鈴木さんは、ヨンミン(**영민**)さんと韓国に行きます。

　　－ヨンミンさんとですか。

伝えよう

以下のような文型を使って、自由に会話／文章を組み立ててみよう。

（1）_____는/은 _____가/이 _____예요/이에요.

（2）_____는/은 _____가/이 아니에요.

（3）_____께서는 _____를/을 Ⅱ_____세요.

（4）_____를/을 Ⅱ_____세요？

（5）_____를/을 Ⅱ_____세요！

単語バンク（運動、趣味）

축구〈蹴球〉(サッカー)　**배구**〈排球〉(バレーボール)　**테니스**〈tennis〉(テニス)

수영〈水泳〉(水泳)　**영화 감상**〈映画鑑賞〉(映画鑑賞)

악기 연주〈樂器 演奏〉(楽器の演奏)　**외국어 공부**〈外國語 工夫〉(外国語の勉強)

今、汝矣島で花火大会をしています

지금 여의도에서 불꽃놀이를 하고 있어요.

  単語と表現

2-30

☐	감다	動 (頭を) 洗う	☐	사전 〈辭典〉	名辞書
☐	감다	動閉じる、(目を)つぶる	☐	세우다	動立てる
☐	결혼 〈結婚〉	名結婚 [～하다]	☐	손	名手
☐	그러다	動そう言う、そうする	☐	슬슬	副そろそろ
☐	끊다	動 (電話／縁を) 切る	☐	쓰다	動使う
☐	남기다	動残す	☐	아침	名朝ご飯
☐	남다	動残る	☐	얻다	動得る
☐	너무	副とても	☐	여자친구 〈女子親舊〉	名彼女
☐	눈	名目	☐	열다	動開ける
☐	단어 〈單語〉	名単語	☐	일	名仕事[～하다 : 働く]
☐	많이	副たくさん	☐	저녁	名夜ご飯
☐	물건 〈物件〉	名品物	☐	제주도 〈濟州島〉	名済州島
☐	바로	副すぐに	☐	준비 〈準備-〉	名準備 [～하다]
☐	버리다	動捨てる	☐	짓다	動建てる
☐	부르다	動呼ぶ	☐	출발 〈出發〉	名出発 [～하다]
☐	불꽃놀이	名花火大会	☐	편의점 〈便宜店〉	名コンビニ

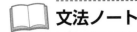 **文法ノート**

18.1. 3つの語基の復習

ここで3つの語基の作り方と、それぞれの語基につく語尾類を整理してみよう。

基本形	第Ⅰ語基	第Ⅱ語基		第Ⅲ語基	
	全ての語幹	母音語幹	子音語幹	陽母音 (ㅏ, ㅗ)語幹	陰母音 (ㅏ, ㅗ以外)語幹
辞書に登録されている形（-다で終わる）	基本形から「-다」を取った形	基本形から「-다」を取った形（第Ⅰ語基と同じ）	第Ⅰ語基に「-으-」をつけた形	第Ⅰ語基に「-아-」をつけた形（母音語幹は縮約あり）	第Ⅰ語基に「-어-」をつけた形（母音語幹は縮約あり）
오다	오-	오-		와-	
받다	받-		받으	받아-	
배우다	배우-	배우-			배워-
읽다	읽-		읽으		읽어-
하다	하-	하-		해-	

これまでに学んだ語尾類は、以下のとおりである（ xx.x. は、学習した課）。

■第Ⅰ語基につく語尾類
▶ Ⅰ -습니다（子音語幹：〜です、ます［합니다体］ 11.2. ）
▶ Ⅰ -고（〜て［順接］ 13.4. ）

■第Ⅱ語基につく語尾類
▶ Ⅱ -ㅂ니다（母音語幹：〜です、ます［합니다体］ 11.2. ）、
▶ Ⅱ -시다（〜なさる［尊敬形］ 13.3. ）
▶ Ⅱ -면 되다（〜ばよい 14.3. ）
▶ Ⅱ -면 안 되다（〜てはならない 14.3. ）
▶尊敬形の Ⅱ -ㅂ시오（〜てください［丁寧な命令］ 14.4. ）

■第Ⅲ語基につく語尾類
▶ Ⅲ -요（〜です、ます［해요体］ 15.2. 16.2. （ 17.1. 17.2. ））

▶指定詞「-이다」(～だ、である) の해요体は、パッチムなし体言＋예요／パッチムあり体言＋이에요。また、同じく指定詞「-가/이 아니다」(～ではない) の해요体は、-가/이 아니에요。 17.1.
▶尊敬形(Ⅱ-시다) の해요体は、Ⅱ-세요。 17.2.

練習 1 次の用言を Ⅰ-고、Ⅱ-세요、Ⅲ-요に活用させてみよう。
例：받다 (受け取る)→ 받고、받으세요、받아요

(1) 잡다 (掴む、取る)　　(2) 세우다 (立てる)
(3) 얻다 (得る)　　(4) 버리다 (捨てる)
(5) 닫다 (閉める)　　(6) 일하다 (働く)
(7) 없다 (ない、いない)　　(8) 가수이다 (歌手だ)
(9) 오다 (来る)　　(10) 가다 (行く)
(11) 넣다 (入れる)　　(12) 지내다 (過ごす)
(13) 되다 (なる)　　(14) 가지다 (持つ)
(15) 끊다 ((電話を) 切る)　　(16) 친구가 아니다 (友達ではない)

■ 18.2. ～たい ［希望、願望］

　希望や願望の表現「～たい」は、Ⅰ-고 싶다により表す。主語は1人称、2人称に限られるので注意。

🔊 活用Check！
2-31
보다 – 보고 싶다 ／ 남다 – 남고 싶다
(見る)　　　　　　　　(残る)

　なお、他動詞の場合、日本語では「～が～たい」という場合が多いが、朝鮮語の場合は「-를/을 Ⅰ-고 싶다」というのが普通である。

例1. 무엇을 먹고 싶어요？ – 저는 김치찌개를 먹고 싶어요.
　2. 어디에 가고 싶어요？ – 제주도에 가고 싶어요.

練習 2 「～たいですか」という質問を作り、それに「いいえ」で答える文を作ってみよう。
(否定文は後置否定形で作ること)
例：그 사람과 이야기하다 (あの人と話す)
　　→그 사람과 이야기하고 싶어요？ – 아뇨, 그 사람과 이야기하고 싶지 않아요.

〈A〉

(1) 한국어를 잘하다 (朝鮮語を上手に話す)

(2) 내 집을 짓다 (私の家を建てる)

(3) 친구를 만들다 (友達を作る)

(4) 바로 여자친구와 결혼하다 (すぐに彼女と結婚する)

〈B〉

(1) 음식을 남기다 (食べ物を残す)

(2) 문을 열다 (ドアを開ける)

(3) 여기에 남다 (ここに残る)

(4) 친구를 부르다 (友達を呼ぶ)

▎18.3. 〜ている［進行］

　進行の表現「〜ている」は、Ⅰ-고 있다により表す。また、その尊敬表現である「〜ていらっしゃる」は、Ⅰ-고 계시다である。

🔊 活用Check！
2-32

보다 – 보고 있다 ／ 보고 계시다
(見る)

웃다 – 웃고 있다 ／ 웃고 계시다
(笑う)

例 1. 지금 무엇을 해요? – 아침을 먹고 있어요.

　2. 할아버지께서는 지금 무엇을 하세요?

　　– 할아버지께서는 신문을 읽고 계세요.

※朝鮮語では、上の例1、2の最初の文（疑問文）のように해요?、하세요?といった現在形（非過去形）により現在進行中の動作（〜ている）について述べることが可能である。

※Ⅰ-고 있다は、日本語の「〜ている」と同じように習慣を表すこともできる。

　例：메이 씨는 요즘 매일 중국어를 공부하고 있습니다.

練習 **3** 左右をつないで「〜ています（いらっしゃいます）」という文を作ってみよう。

例：학교（学校）／가다（行く）

→학교에 가고 있어요.

〈A〉

（1）유키 씨（有紀さん）／자다（寝る）

（2）화장실（トイレ）／손을 씻다（手を洗う）

（3）친구（友達）／기다리다（待つ）

（4）서울（ソウル）／살다（住む）

〈B〉

（1）선생님（先生）／신문을 읽다（新聞を読む）

（2）할머니（おばあさん）／우리 집에 오다（うちに来る）

（3）한국 음악（韓国の音楽）／듣다（聞く）

（4）한국어（朝鮮語）／공부하다（勉強する）

18.4. 〜ながら、〜のに［並行動作、逆接］

並行動作「〜ながら」、逆接「〜のに、くせに」は、Ⅱ-면서 により表す。

活用Check！
2-33

마시다 - 마시면서 ／ 읽다 - 읽으면서
（飲む）　　　　　　　　　　（読む）

例1. 지금 무엇을 하세요? - 커피를 마시면서 책을 읽고 있어요.

　2. 왜 그러세요? - 아니, 저 물건은 좋지 않으면서 비싸요.

練習 **4** 左右をつないで「〜ながら〜、ています／〜のに、〜ます」という文を作ってみよう。

例：사전을 찾다（辞書を引く）

　　숙제를 하다（宿題をする）

　　→사전을 찾으면서 숙제를 하고 있어요.

〈A〉

（1）친구와 이야기하다（友達と話す）

　　저녁을 준비하다（夜ご飯を準備する）

（2）밥을 많이 먹다（ご飯をたくさん食べる）

　　운동을 하지 않다（運動をしない）

（3）그는 선생님이다（彼は先生だ）
　　　학생들을 사랑하지 않다（学生たちを愛さない）

（4）머리를 감다（頭を洗う）
　　　눈을 감고 있다（目を閉じている）

〈B〉

（1）단어를 쓰다（単語を書く）
　　　외우다（覚える）

（2）그 식당은 맛이 없다（その食堂はまずい）
　　　값이 비싸다（値段が高い）

（3）학교에 다니다（学校に通う）
　　　편의점에서 아르바이트를 하다（コンビニでアルバイトをする）

（4）돈이 많이 있다（お金がたくさんある）
　　　음식값을 내지 않다（食事代を出さない）

コラム ◆ ソウル

　600年の歴史を持つ韓国の首都ソウル（서울）は、政治（정치）、経済（경제）、社会（사회）、教育（교육）、文化（문화）の中心地である。景福宮（경복궁）、昌徳宮（창덕궁）などの古い歴史を持つ史跡や北村韓屋村（북촌한옥마을）、仁寺洞（인사동）、南大門市場（남대문시장）などの伝統文化が感じられる場所があちこちに点在している。また、ショッピング施設やエンターテインメント施設が集まる明洞（명동）、狎鴎亭（압구정）、COEXモール（코엑스몰）には多くの観光客が集まる。さらに、街の中心を流れる漢江（한강）はソウルならではの風景を作り出し、市民たちの憩いの場となっている。
（韓国観光公社HPを一部、改変。https://japanese.visitkorea.or.kr/jpn/index.jsp）

会話しよう

2-34

今日は花火大会の日です。

가람 : ① 지금 여의도에서 불꽃놀이를 하고 있어요.

메이 : ② 우와! 가고 싶어요. 바로 가요!

가람 : ③ 그래요. 여의도에서 돌아오면서 한강 공원에도 가요.

메이 : ④ 좋아요. 그런데 준호 씨는 무엇을 하고 계세요?

　　　　 같이 가면 안 돼요?

가람 : ⑤ 아, 준호 씨는 지금 책을 읽으면서 집에서 쉬고 있어요.

메이 : ⑥ 네, 그럼 슬슬 출발해요.

〈発音ピックアップ〉
①여의도 [여이도]　불꽃놀이를 [불꼰노리를]　있어요 [이써요]
②싶어요 [시퍼요]
③돌아오면서 [도라오면서]　공원에도 [공워네도]
④좋아요 [조아요]　준호 씨는 [주노씨는]　무엇을 [무어슬]　계세요? [게세요]
　같이 [가치]
⑤책을 [체글]　읽으면서 [일그면서]　집에서 [지베서]
⑥출발해요 [출바래요]

コラム ◆ 済州島

　済州島(제주도)は、美しい海岸や滝、絶壁、洞窟などの自然が調和するリゾートアイランドである。温帯・熱帯性の動植物が共存する韓国最高峰(1,950m)漢拏山(한라산)は、国立公園になっており、ユネスコ世界自然遺産にも登録されている。島のシンボルは돌하르방(石のおじいさん)と呼ばれる島の守り神で、石像の鼻に触ると男の子に恵まれるといわれている。日本からの直航便も就航しており、マリンスポーツやロケ地巡り、カフェ巡りが好きな人にもおススメ。
(参考：韓国観光公社HP　https://japanese.visitkorea.or.kr/jpn/index.jsp)

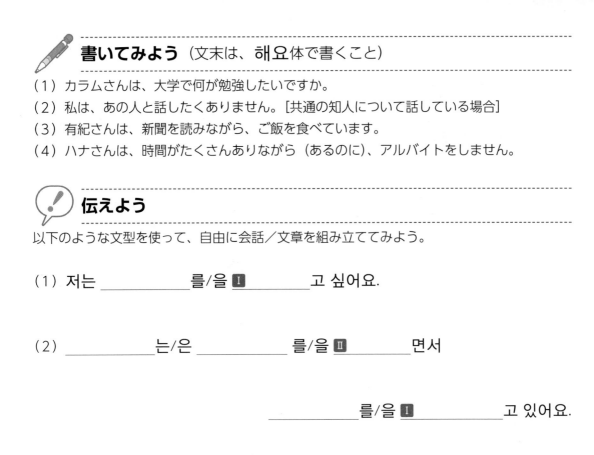

✏️ **書いてみよう**（文末は、해요体で書くこと）

（1）カラムさんは、大学で何が勉強したいですか。

（2）私は、あの人と話したくありません。［共通の知人について話している場合］

（3）有紀さんは、新聞を読みながら、ご飯を食べています。

（4）ハナさんは、時間がたくさんありながら（あるのに）、アルバイトをしません。

💬 **伝えよう**

以下のような文型を使って、自由に会話／文章を組み立ててみよう。

（1）저는 ＿＿＿＿＿＿를/을 [I] ＿＿＿＿＿＿고 싶어요.

（2）＿＿＿＿＿＿는/은 ＿＿＿＿＿＿를/을 [II] ＿＿＿＿＿면서

　　　　　　　　　　＿＿＿＿＿＿를/을 [I] ＿＿＿＿＿＿고 있어요.

（3）＿＿＿＿는/은 (＿＿＿＿＿가/이) [II] ＿＿＿＿면서 [III] ＿＿＿＿＿＿요.
　　　　　　　　　　　　　　　　　　〜のに

単語バンク（食事の道具）

젓가락（箸）　숟가락（スプーン）　접시（皿）　앞접시（取り皿）　그릇（器）
국자（お玉）　가위（はさみ）　칼（ナイフ）　냅킨〈napkin〉（ナプキン）
컵〈cup〉（コップ）　병따개〈瓶-〉（栓抜き）

明日はマロニエ公園に行きましょうか
내일은 마로니에 공원에 갈까요?

 単語と表現

2-35

☐	기차 〈汽車〉	名長距離特急列車	☐	-(으)로	助~(手段·方法)で、~(方向)に
☐	더	副もっと	☐	이제	副もう、すでに
☐	돌아가다	動帰る（帰って行く）	☐	일어서다	動立つ
☐	떠나다	動離れる、去る	☐	잠시 〈暫時〉	名/副しばらく
☐	떨어지다	動落ちる	☐	조금	名/副少し
☐	뜨다	動(目を)開ける	☐	죽다	動死ぬ
☐	모이다	動集まる	☐	지나다	動過ぎる、経つ
☐	벌레	名虫	☐	차 〈車〉	名車
☐	시작하다 〈始作-〉	動始める	☐	피곤하다 〈疲困-〉	形疲れる
☐	아니면	接あるいは	☐	한복 〈韓服〉	名朝鮮の伝統衣装
☐	아이	名子供	☐	혼자	名一人　副一人で
☐	열리다	動開く	☐		

☐	가방을 메다	表現カバンを背負う	☐	목도리를 두르다	表現マフラーをする
☐	구두를 신다	表現靴を履く	☐	바지를 입다	表現ズボンを履く
☐	넥타이를 매다	表現ネクタイを締める	☐	반지를 끼다	表現指輪をはめる
☐	모자를 쓰다	表現帽子を被る	☐	안경을 끼다／쓰다	表現眼鏡をかける
☐	목걸이를 하다	表現ネックレスをする	☐		

📖 文法ノート

▌ 19.1. ～ている［状態継続］

他動詞のうち、입다(着る)や벗다(脱ぐ)、타다(乗る)といった動詞は、**1**-고 있다／계시다により進行、習慣だけでなく、(動作がもたらした)状態の継続を表すことができる(いずれにしても日本語訳は「～ている／ていらっしゃる」でよい)。

🔊 活用Check！

2-36
바지를 입다 － 바지를 입고 있다 ／ 바지를 입고 계시다
(ズボンを履く)

안경을 쓰다 － 안경을 쓰고 있다 ／ 안경을 쓰고 계시다
(眼鏡をかける)

例1. 저 아이는 모자를 쓰고 있어요.

※「目を開いている」は「눈을 뜨고 있다」、「目を閉じている」は「눈을 감고 있다」という(いずれも状態継続)。

練習 **1** 次の単語に合う動詞を選んで、「～を～ています」という文にしよう。

(同じ動詞を何度使ってもよい)

例：안경（眼鏡）→ 안경을 끼고／쓰고 있어요.

입다, 쓰다, 끼다, 하다, 두르다, 신다, 매다, 메다

（1）바지（ズボン）　　　　（2）반지（指輪）

（3）구두（靴）　　　　　　（4）목도리（マフラー）

（5）목걸이（ネックレス）　（6）넥타이（ネクタイ）

（7）가방（カバン）　　　　（8）모자（帽子）

（9）한복（韓服）

▍19.2. ～ている［結果状態］

　主に自動詞の結果状態「～ている」は、Ⅲ-φ 있다により表す。また、その尊敬表現である「～ていらっしゃる」は、Ⅲ-φ 계시다である。

🔊 活用Check！
2-37

가다 － 가 있다 ／ 가 계시다
（行く）

앉다 － 앉아 있다 ／ 앉아 계시다
（座る）

※Ⅲ-φ 있다は、Ⅲと 있다の間で**分かち書き**をすることを意味する。

※結果状態を表すⅢ-φ 있다には、主に自動詞(～를/을をとらない動詞)が用いられる。なお、動詞によっては、Ⅰ-고 있다(進行、習慣)、Ⅲ-φ 있다(結果状態)の両方をとることができる。例えば、가다(行く)の場合、가고 있다は「(今)移動し**ている**」、가 있다は「(既に)着い**ている**」という意を表す。

例1. 가람 씨는 아침 일찍부터 일어나 있어요.
　2. 하나 씨는 한국에 가지 않고 일본에 남아 있어요.

練習 **2** （　　）の用言を適当な形に変え、日本語に訳してみよう。
例：방 문이 (열리다 : 開く) 있어요
 → 방 문이 열려 있어요.　　部屋のドアが開いています。

〈A〉
（1）책상 아래에 돈이 (떨어지다 : 落ちる) 있어요.
（2）유키 씨는 혼자 일본에서 (떠나다 : 離れる) 있어요.
（3）벌레 한 마리가 (죽다 : 死ぬ) 있어요.
（4）선생님께서 교실 앞에서 (일어서다 : 立つ) 계세요.

〈B〉
（1）민우 씨는 아침 일찍 여기 (오다 : 来る) 있어요.
（2）영화가 벌써 (끝나다 : 終わる) 있어요.
（3）학생들이 교실에 (모이다 : 集まる) 있어요.
（4）가람 씨는 일본어 수업에 (나가다 : 出る) 있어요.

19.3. 〜ましょうか［意向］

意向を尋ねる表現「〜ましょうか」は、Ⅱ-ㄹ까요？により表す。

사다 – 살까요？ ／ 앉다 – 앉을까요？
（買う）　　　　　　　（座る）

例1. 그럼, 저 옷을 살까요?
　2. 이제 그만 돌아갈까요? – 네, 그럴까요?

> ※この形は、意向を尋ねるだけでなく、①話し手が何らかの申し出や提案をする表現（〜ましょうか）、②［主語が３人称の場合］婉曲な質問表現（〜でしょうか）にもなる。
> ①の例：제가 혼자 갈까요?
> ②の例：어디가 좋을까요?　내일 눈이 올까요?

練習 3 朝鮮語に訳してみよう。

〈A〉
（1）今から始めましょうか。
（2）この食堂でご飯を食べましょうか。
（3）もう寝ましょうか。
（4）もうこのくらいで電話を切りましょうか。

〈B〉
（1）６月から朝鮮語を勉強しましょうか。
（2）先生を待ちましょうか。
（3）この椅子に座りましょうか。
（4）私達、一緒に本を買いましょうか。

19.4. 〜で［助詞（5）］

「〜(手段・方法)で」、「〜(方向)に」にあたる助詞は、以下のとおりである。ㄹで終わる体言には、パッチムなし体言と同じ助詞がつくことに注意。

	手段・方法	方向
	〜で	〜に
パッチムなし体言 ㄹ終わり体言	−로	
パッチムあり体言	−으로	

■》 **이 교과서 − 이 교과서로**
2-39　（この教科書）

이쪽 − 이쪽으로
（こちら）

例 1. 이 교과서로 한국어 공부를 해요.
　 2. 이쪽으로 오세요.

練習 4 （　　）に適当な助詞を入れ、文を完成させ、日本語に訳してみよう。

（答えは1つとは限らない）

例：버스(로) 학교(에) 다녀요. バスで学校に通います。

〈A〉
（1）부산(　　)는 기차(　　) 갈까요?
（2）차(　　) 회사(　　) 다니고 있어요.
（3）저쪽(　　) 가면 돼요.
（4）가람 씨(　　) 자전거(　　) 집(　　) 와요.

〈B〉
（1）오른쪽(　　) 좀 더 가세요.
（2）다음 달(　　) 일본(　　) 떠나요.
（3）1층 위(　　) 갈까요?
（4）서울(　　) 비행기(　　) 갈까요?

19.5. 〜テイルにあたる表現

ここでは、これまで学んできた日本語の「〜テイル」にあたる表現を復習しよう。

練習 **5** 適切な形を１つ選び、日本語に訳してみよう（２つとも可能な場合もある）。

例：영미 씨는 친구하고（놀고／놀아）있어요.

　→ 영미 씨는 친구하고 놀고 있어요.

　　ヨンミさんは友達と遊んでいます。

〈A〉

（1）아직도 신발을（신고／신어）있어요?

（2）저는 친구의 친구를（좋아하고／좋아해）있어요.

（3）저는 보통 집에서 옷을（벗고／벗어）있어요.

（4）경미 씨,（일어나고／일어나）있어요?

　　아니면 아직도（자고／자）있어요?

〈B〉

（1）선생님께서 의자에서 천천히（일어서고／일어서）계세요.

（2）지수는 벌써 집에（오고／와）있어요.

（3）은미는 도서관에서 한국 소설을（찾고／찾아）있어요.

（4）요새 어떻게（지내고／지내）있어요?

会話しよう

2-40

カラムさんが、カバンを背負って歩いています。

유키 : ① 왜 가방을 메고 있어요? 어디 가세요?

가람 : ② 아, 네. 집에 가요. 너무 피곤해요.

유키 : ③ 집에는 어떻게 가요? 버스를 타요?

가람 : ④ 아버지가 차를 가지고 와 있어요.

　　　 오늘은 아버지 차로 가면 돼요.

유키 : ⑤ 네. 그런데 내일은 어디로 가면 돼요?

가람 : ⑥ 내일은 마로니에 공원에 갈까요?

　　　 10시에 혜화역에서 만나요.

※朝鮮語の疑問詞は、疑問の他に不定の意味も持つ。例えば、会話1行目の**어디**は、疑問（どこ）ではなく、不定（どこか）の意味である。後者の場合、疑問詞の末尾が上昇調のイントネーションにより現れる。音声をよく聞いてみよう。

〈発音ピックアップ〉
①가방을 [가방을]　있어요? [이써요]　　②집에 [지베]　피곤해요 [피고네요]
③어떻게 [오떠케]　　④오늘은 [오느른]
⑤내일은 [내이른]　　⑥공원에 [공워네]　혜화역에서 [혜화(와)여게서]

コラム ◆ 人気の名前

　2017年、2018年に人気(인기)があった韓国の新生児の名前を紹介しよう。
2017年
男性 : 도윤, 하준, 서준, 시우, 민준, 예준, 주원, 유준, 지호, 준우
女性 : 하윤, 서윤, 서연, 하은, 지유, 지우, 수아, 하린, 지아, 서아

2018年
男性 : 서준, 하준, 도윤, 시우, 민준, 지호, 예준, 주원, 은우, 유준
女性 : 지안, 서아, 하윤, 서윤, 하린, 하은, 서연, 지우, 수아, 지유

書いてみよう（文末は、해요体で書くこと）

（1）カラムさんは、今日も帽子を被っています。

（2）社長は（→社長におかれましては）、25日から28日まで韓国に行っていらっしゃいます。

（3）あの食堂でキムチチゲを食べましょうか。[食堂が遠くに見えている場合]

（4）学校から駅までバスで行きましょうか。

 伝えよう

以下のような文型を使って、自由に会話／文章を組み立ててみよう。

> 〈（1）は、以下の用言を使って言ってみよう〉
> 끼다　두르다　매다　메다　신다　쓰다　입다　하다

（1）＿＿＿＿＿＿가/이＿＿＿＿＿를/을 **Ⅰ**＿＿＿＿＿고 있어요.

（2）＿＿＿＿＿＿가/이＿＿＿＿＿에 **Ⅲ**＿＿＿＿＿있어요.

（3）우리 이제 **Ⅱ**＿＿＿＿＿ㄹ까요?
　　　そろそろ

（4）＿＿＿＿＿＿에＿＿＿＿＿(으)로 가요.

（5）＿＿＿＿＿＿(으)로 가면 돼요.
　　　～で／の方に

● **単語バンク（ファッション）**

● 액세서리〈accesory〉（アクセサリー）　티셔츠〈T-shirt〉（Tシャツ）

● 코트〈coat〉（コート）　청바지〈青-〉（ジーパン）　반바지〈半-〉（短パン）

● 구두（靴（皮靴））　신발（靴（スニーカー））　거울（鏡）

先生がずっと探されていました

선생님께서 계속 찾으셨어요.

単語と表現

2-41

☐	같다	形 同じだ		☐	예전	名 昔、前
☐	계속 〈繼續〉	副 ずっと		☐	오다	動 降る
☐	길다	形 長い		☐	이유 〈理由〉	名 理由
☐	내리다	動 降る		☐	자리	名 席
☐	눈	名 雪		☐	잠깐	副 ちょっと、しばらく
☐	댁 〈宅〉	名 お宅		☐	전 〈前〉	名 ～（時間）前
☐	마지막	名 最後		☐	전화기 〈電話機〉	名 電話機
☐	매우	副 とても、非常に		☐	정말 〈正-〉	名 本当 副 本当に
☐	모르다	動 知らない、わからない		☐	좁다	形 狭い
☐	비	名 雨		☐	죄송하다 〈罪悚-〉	形 恐縮である、申し訳ない
☐	사실 〈事實〉	名 事実				
☐	선수 〈選手〉	名 選手		☐	줄	名 列、紐
☐	술	名 酒		☐	중요하다 〈重要-〉	形 重要だ
☐	야구 〈野球〉	名 野球 [～하다]		☐	회장님 〈會長-〉	名 会長
☐	어제	名 昨日		☐	휴게실 〈休憩室〉	名 休憩室
☐	여자 〈女子〉	名 女性		☐		

※이렇게 副 こんなに、こうやって
　그렇게 副 そんなに、そうやって
　저렇게 副 あんなに、ああやって
　어떻게 疑 どのように、どうやって（第15課）
※남자 〈男子〉 名 男性

第20課　先生がずっと探されていました

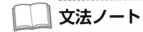 **文法ノート**

20.1. ～た［過去形（1）］

過去形は、Ⅲ-ㅆ다により表す。第Ⅲ語基につくので、16.1.で学んだように母音語幹用言においては語幹の脱落、融合が起こりうることに注意。

🔊 **活用Check！**
2-42

많다 – 많았다 ／ 배우다 – 배웠다
（多い）　　　　　　　（習う）

다니다 – 다녔다 ／ 하다 – 했다
（通う）　　　　　　（する）

なお、過去形の합니다体、해요体は、それぞれⅢ-ㅆ습니다、Ⅲ-ㅆ어요になる。例えば、갔다（行った）の場合、갔아요ではなく、갔어요になることに注意。

例 1.　어제는 회사에 일찍 갔어요.
　　 2.　명동에 사람이 정말 많았어요.

練習 1　「～ます、～ました」と합니다体と해요体で言ってみよう。
例：가르치다（教える）→ 가르칩니다, 가르쳐요, 가르쳤습니다, 가르쳤어요

（1）　대학생이 되다（大学生になる）
（2）　결혼하다（結婚する）
（3）　교실이 좁다（教室が狭い）
（4）　비가 오다（雨が降る）
（5）　일본과 같다（日本と同じだ）
（6）　2시간 쉬다（2時間休む）
（7）　한국 소설을 읽다（韓国の小説を読む）
（8）　여자친구가 있다（彼女がいる）
（9）　버스를 타다（バスに乗る）
（10）　눈이 내리다（雪が降る）

139

練習 **2** 朝鮮語に訳してみよう（文末は、해요体で書くこと）。

〈A〉

（1）昨日は友達に会いました。

（2）私の友達は医者になりました。

（3）今日は朝、雨が降りました。

（4）その時は友達と電話をしていました。

〈B〉

（1）教室の前に学生たちがたくさん集まっていました。

（2）昨日は家に早く帰りたかったです。

（3）そのお金は机の上にありました。

（4）列がとても長かったです。

20.2. ～た ［過去形（2）］

　指定詞「-이다」（～だ、である）、「-가/이 아니다」（～ではない）の過去形（Ⅲ-ㅆ다）の作り方は、やや特殊である。「-이다」の場合、パッチムの有無によって第Ⅲ語基が異なる形をとること、「아니다」の場合、「아녔다 ×」のように縮約が起こらないことに注意。

	～だ （基本形）	～だった （過去：基本形）
パッチムなし体言	-이다	-였다
パッチムあり体言		-이었다

	～ではない （基本形）		～ではなかった （過去：基本形）	
パッチムなし体言	-가	아니다	-가	아니었다
パッチムあり体言	-이		-이	

🔊 活用Check！

2-43

친구이다 – 친구였다 – 친구였습니다／친구였어요
（友達だ）

선생님이다 – 선생님이었다 – 선생님이었습니다／선생님이었어요
（先生だ）

친구가 아니다 – 친구가 아니었다 – 친구가 아니었습니다／친구가 아니었어요
（友達ではない）

선생님이 아니다 – 선생님이 아니었다 – 선생님이 아니었습니다／선생님이 아니었어요
（先生ではない）

例1. 그 사람도 3년 전에는 학생이었습니다.
　 2. 하나 씨는 정말로 가수가 아니었어요.

練習 3　「〜でした」、「〜ではありませんでした」と合니다体と해요体で言ってみよう。
例：토요일（土曜日）→ 토요일이었습니다.／토요일이었어요.
　　　　　　　　　토요일이 아니었습니다.／토요일이 아니었어요.

〈A〉
（1）그 사람들（あの人たち）
（2）여기（ここ）
（3）보통（普通）
（4）운동은 제 취미（運動は私の趣味）

〈B〉
（1）마지막（最後）
（2）그 이유（その理由）
（3）사실（事実）
（4）여기는 도서관（ここは図書館）

국산콩 100%
매장에서 직접 만든 손두부

두부요리
전문점

지금까지 이런
두부요리는
없었다

🚚 서초구방배동

20.3. ～た [過去形(3)]

尊敬の過去表現「～なさった」は、まず**Ⅱ**-**시다**により尊敬形を作った後、それを**Ⅲ**-**ㅆ다**(過去形)にすることで作られる(結果として基本形は**Ⅱ**-**셨다**という形になる)。

🔊))) 活用Check！
2-44

(基本形)	(尊敬形：**Ⅱ**-**시**)	(尊敬形の**Ⅲ**-**ㅆ다**)
외우다 － (覚える)	외우시다	－ 외우셨다
앉다 － (座る)	앉으시다	－ 앉으셨다
선생님이다 － (先生だ)	선생님이시다	－ 선생님이셨다

> ※ 17.2. で**Ⅱ**-**시다**は、해요体を作る時、第Ⅲ語基が**Ⅱ**-**세**-になり、結果として**Ⅱ**-**세요**になることを学んだ。一方、ここで学んだように過去形を作る場合には、第Ⅲ語基が通常の規則通り、**Ⅱ**-**셔**-になり、**Ⅲ**-**셨다**という形になる(つまり、**Ⅱ**-**셌다**という形は存在しない)。

なお、特別な尊敬形(→ 13.3.)は、そのまま**Ⅲ**-**ㅆ다**により過去形を作ればよい。

(非尊敬の基本形)	(特別な尊敬形)	(特別な尊敬形の**Ⅲ**-**ㅆ다**)
먹다 － (食べる)	드시다 (召し上がる)	－ 드셨다
자다 － (寝る)	주무시다 (お休みになる)	－ 주무셨다

例 1. 어머니가 자리에 앉으셨습니다.
　　2. 할아버지는 우동을 천천히 드셨습니다.

練習 4　（　　）の用言を尊敬の過去形（합니다体、해요体）に変え、日本語に訳してみよう。

例：할아버지께서는 일본어를 （공부하다：勉強する）.

　　→할아버지께서는 일본어를 공부하셨습니다. ／공부하셨어요.

　　　おじいさんにおかれましては、日本語を勉強なさいました。

〈A〉

（1）선생님께서는 예전에 （야구 선수이다：野球選手だ）.

（2）회장님께서는 사람들을 （만나다：会う）.

（3）사장님께서는 오늘 아침에 （말하다：話す）.

（4）할머니께서는 한복을 （입다：着る）.

〈B〉

（1）아버지께서는 그 친구 이름을 （모르다：知らない、わからない）.

（2）어머니께서는 방에 （있다：いる）.

（3）선생님께서는 신문을 （읽다：読む）.

（4）할아버지께서는 친구를 （만나다：会う）.

コラム ◆ 行政区画

　日本の地方都道府県に該当する韓国、北朝鮮の行政区画は、道(도)である。

　韓国の場合、京畿道(경기도)、江原道(강원도)、忠清北道(충청북도)、忠清南道(충청남도)、全羅北道(전라북도)、全羅南道(전라남도)、慶尚北道(경상북도)、慶尚南道(경상남도)、済州道(제주도)の8つの道が存在する。

　ただし、いくつかの市は道から独立した行政区画を形成しており、ソウル(서울)は特別市(특별시)、釜山(부산)、大邱(대구)、仁川(인천)、光州(광주)、大田(대전)、蔚山(울산)の6つの都市は広域市(광역시)、世宗市(세종시)は特別自治市となっている。朝鮮半島の地図はP.10を参照。

会話しよう

2-45

有紀さんは、カラムさんを探していたようです。

유키 : ① 아니, 어디에 계셨어요?

가람 : ② 왜요? 메이 씨하고 잠깐 이야기하고 있었어요.

유키 : ③ 선생님께서 계속 찾으셨어요. 지금은 댁에 돌아가셨어요.

가람 : ④ 아, 죄송해요. 전화기를 휴게실에 놓고 갔어요.

유키 : ⑤ 그렇게 중요한※ 일은 아니었어요.

　　　　그래도 선생님께 전화하세요.

가람 : ⑥ 네, 알았습니다.

※「중요한 ～」は、形容詞「중요하다」(重要だ)の現在連体形(Ⅱ-ㄴ)で「重要な～」という意味である。連体形については、27.1.(第2巻)で学ぶので、今はこのまま覚えてしまおう。

〈発音ピックアップ〉
①계셨어요? [게셔써요]
②있었어요 [이써써요]
③계속 [게속] 찾으셨어요 [차즈셔써요] 지금은 [지그믄] 댁에 [대게]
　돌아가셨어요 [도라가셔써요]
④죄송해요 [줴송애요] 전화기를 [저놔기를] 휴게실에 [휴게시레]
　놓고 [노코] 갔어요 [가써요]
⑤그렇게 [그러케] 중요한 [중요한] 일은 [이른] 아니었어요 [아니어써요]
⑥알았습니다 [아라씀니다]

コラム ◆ 絶対敬語の世界

　この課の会話(회화)には、尊敬形が何回か出てくる。あるものは目の前にいる聞き手に対して使われているものであるため、日本語の感覚からも理解(이해)がしやすいが、③の「찾으셨어요」、「돌아가셨어요」などは、その場にいないはずの先生に対して使われているものなので、日本語の感覚(감각)とはややずれているといえるだろう。このように朝鮮語では、日本語とは異なり絶対敬語を使うのが基本(기본)であることに注意(주의)しなければならない。

書いてみよう（文末は、해요体で書くこと）

（1）ここは、5年前まで学校でした。

（2）私の父は、英語の先生でした。

（3）母も日本語を勉強なさいました。

（4）先生は(→におかれましては)、麦茶を召し上がりました。

伝えよう

以下のような文型を使って、自由に会話／文章を組み立ててみよう。

（1）＿＿＿＿＿가/이 ＿＿＿＿＿를/을 Ⅲ ＿＿＿＿＿씨어요.

（2）＿＿＿＿＿는/은 ＿＿＿＿＿였어요/이었어요.
　　　　　　　　　　[名詞]

（3）＿＿＿＿＿는/은 ＿＿＿＿＿가/이 아니었어요.
　　　　　　　　　　[名詞]

（4）＿＿＿＿＿께서는 ＿＿＿＿＿를/을 Ⅱ ＿＿＿＿＿셨어요.

単語バンク（副詞類）

〈推測〉　아마（多分）　확실히〈確實-〉（確実に）

〈程度〉　아주（とても）　매우（とても）　정말〈正-〉（本当に）

〈頻度〉　늘（いつも）　언제나（いつも）　자주（よく）　보통〈普通〉（普通）

〈様態〉　빨리（速く）　일찍（早く）　계속〈繼續〉（ずっと）
　　　　잘（よく、上手に）　열심히〈熱心-〉（一所懸命）

〈否定とともに使われる副詞〉　전혀〈全-〉（全く）　절대로〈絶對-〉（絶対に）
　　　　　　　　　　　　　거의（殆ど）　별로〈別-〉（あまり）

〈その他〉　솔직히〈率直-〉（正直）　예를 들면〈例-〉（例えば）
　　　　다시 말해（言い換えると）

第21課 私に似ています

저랑 닮았어요.

🔊 単語と表現
2-46

☐	강의 〈講義〉	图講義 [～하다]	☐	선물 〈膳物〉	图プレゼント[～하다]
☐	고프다	形（お腹が）すく	☐	소식 〈消息〉	图知らせ
☐	곧	副もうすぐ、すぐに	☐	시작되다 〈始作-〉	動始まる
☐	공연 〈公演〉	图公演 [～하다]	☐	아들	图息子
☐	다	副すべて	☐	알리다	動知らせる
☐	달라지다	動変わる	☐	약속 〈約束〉	图約束 [～하다]
☐	닮다	動似る	☐	어머	間あら、まあ(女性語)
☐	돌려주다	動返す	☐	연예인 〈演藝人〉	图芸能人
☐	-랑／이랑	助～と	☐	잊어버리다	動忘れてしまう
☐	멀다	形遠い	☐	잘생기다	形格好良い
☐	메뉴 〈menu〉	图メニュー	☐	정하다 〈定-〉	動決める
☐	뮤직뱅크 〈music bank〉	图ミュージックバンク(番組名)	☐	제일 〈第一〉	图一番 副もっとも
☐	반 〈班〉	图クラス	☐	조각	图切れ
☐	배	图お腹	☐	직접 〈直接〉	图直接 副直に
☐	빌려주다	動貸す	☐	찾아가다	動訪ねて行く
☐	사과하다 〈謝過-〉	動謝る	☐	책임자 〈責任者〉	图責任者

※닮다（似る）の発音は［담따］となることに注意。

📖 **文法ノート**

21.1. ～た［過去形（4）］

否定の過去形を非尊敬と尊敬、現在(非過去)、過去に分けて整理してみよう。

	非尊敬		尊敬	
	現在(非過去)形 ～しない	過去形 ～しなかった	現在(非過去)形 ～なさらない	過去形 ～なさらなかった
前置否定形	① 안 Ⅰ-다	②안 Ⅲ-ㅆ다	③ 안 Ⅱ-시다	④ 안 Ⅱ-셨다
後置否定形	⑤ Ⅰ-지 않다	⑥ Ⅰ-지 않았다	⑦ Ⅰ-지 않으시다	⑧ Ⅰ-지 않으셨다

🔊 活用Check！

2-47

보내다 – ①안 보내다 / ②안 보냈다 / ③안 보내시다 / ④안 보내셨다
(送る) 　⑤보내지 않다 / ⑥보내지 않았다 / ⑦보내지 않으시다
　　　⑧보내지 않으셨다

　읽다 – ①안 읽다 / ②안 읽었다 / ③안 읽으시다 / ④안 읽으셨다
(読む) 　⑤읽지 않다 / ⑥읽지 않았다 / ⑦읽지 않으시다
　　　⑧읽지 않으셨다

なお、指定詞「-이다」(～だ、である)と存在詞「있다」(ある：人以外が主語)は、以下のようになる。

	非尊敬		尊敬	
	現在(非過去)形	過去形	現在(非過去)形	過去形
이다の否定	-가/이 아니다 ～ではない	-가/이 아니었다 ～ではなかった	-가/이 아니시다 ～ではいらっしゃらない	-가/이 아니셨다 ～ではいらっしゃらなかった
있다の否定	없다 ない	없었다 なかった	없으시다 おありでない	없으셨다 おありでなかった

※敬意の対象となる人物が主語の場合、있다の否定・尊敬は、「안 계시다」(現在(非過去)形：いらっしゃらない)、「안 계셨다」(過去形：いらっしゃらなかった)となる。

例 1. 선생님께서는 책임자가 아니셨어요.
　 2. 선생님께서는 그 자리에 안 계셨어요.

練習 **1** 친구와 선생님을 主語にして、前置否定形、後置否定形を過去形にしてみよう。

(文末は해요体で書くこと)

例 : 강의에 늦다 （講義に遅れる）
　　→친구가 강의에 안 늦었어요.／늦지 않았어요. （P.147上の表の②と⑥）
　　　선생님께서 강의에 안 늦으셨어요.／늦지 않으셨어요. （P.147上の表の④と⑧）

〈A〉
（1） 예전과 달라지다 （昔と変わる）
（2） 선물을 주다 （プレゼントをあげる）
（3） 돈을 받다 （金を受け取る）
（4） 직접 찾아가다 （直接、訪ねて行く）

〈B〉
（1） 약속을 잊어버리다 （約束を忘れる）
（2） 소설을 읽다 （小説を読む）
（3） 창문을 닫다 （窓を閉める）
（4） 버스를 타다 （バスに乗る）

21.2. 注意すべき過去形の用法

　これまでに朝鮮語の過去形は、Ⅲ-ㅆ다により表わされることを学んできたが、いくつかの用言は、その日本語訳が必ずしも過去形に対応しない場合がある。以下のような場合である。

◀))
2-48
결혼했다（結婚している）< 결혼하다
닮았다（似ている）< 닮다 （※）
남았다（残っている）< 남다
잘생겼다（ハンサムだ）< 잘생기다
아직 멀었다（まだまだだ）< 아직 멀다

> ※ 16.3. で学んだいくつかの動詞のように「〜に（似ている）」にあたる助詞として、「-를/을」を用いることに注意。

例 저 아이는 아버지를（와／하고／랑）많이 닮았어요.

練習 **2** 次の文を朝鮮語に訳してみよう（文末は、해요体で書くこと）。
（1）私の息子は、私に似ています。
（2）カラムさんは私(わたし)達のクラスで一番ハンサムです。
（3）ピザが3切れ残っています。
（4）私の友達は、芸能人ＩＵ(아이유)に似ています。

21.3. まだ〜ていない［未完了］

　動作の未完了の表現「まだ〜ていない」は、**아직 안 Ⅲ-ㅆ다**［前置否定形］、あるいは、**아직 Ⅰ-지 않았다**［後置否定形］により表す。やはり日本語では現れない過去形が現れる点に注意。

🔊 活用Check！
2-49
밥을 먹다 – 밥을 아직 안 먹었다
（ご飯を食べる）

밥을 아직 먹지 않았다

例 1．배가 고프면서 점심을 아직 먹지 않았어요.
　　2．공연은 아직 시작되지 않았어요.

練習 **3** **前置否定形、後置否定形により「まだ〜ていない」という文を作ってみよう。**
例：준호는 일어나다（ジュノは起きる）
　　→준호는 아직 안 일어났어요./준호는 아직 일어나지 않았어요.

〈A〉
（1）친구들이 가다（友達が行く）
（2）숙제를 끝내다（宿題を終わらせる）
（3）그 소식을 알리다（その知らせを知らせる）
（4）식사 메뉴를 정하다（食事のメニューを決める）

〈B〉
（1）돈을 빌려주다（お金を貸してあげる）
（2）사람들이 다 모이다（みんなが集まる）
（3）숙제를 다 하다（宿題を全てする）
（4）도서관에 책을 돌려주다（図書館に本を返す）

21.4. 助詞のまとめ [助詞 (6)]

ここでこれまで学んだ助詞をまとめてみよう。

			パッチムなし体言	パッチムあり体言
①	～は		-는	-은
②	～におかれましては		-께서는	
③	～が		-가	-이
④	～におかれまして		-께서	
⑤	～を		-를	-을
⑥	～も		-도	
⑦	～で	場所	-에서	
⑧		手段方法	-로	-으로
⑨	～に	時	-에	
⑩		場所		
⑪		人	-에게 (한테)	
⑫		方向	-로	-으로
⑬	～から～まで	時	-부터　-까지	
⑭		場所	-에서　-까지	
⑮	～と	書きことば	-와	-과
⑯		話しことば	-하고	
⑰			-랑	-이랑

※以下の表現はそのまま覚えてしまおう。

　私(わたくし)が：제가、私(わたし)が：내가、誰が：누가

※ㄹで終わる体言には、-로/으로のうち-로がつく。

練習 **4**　(　　)に適当な助詞を入れ、文を完成させ、日本語に訳してみよう

(答えは1つとは限らない)。

例：버스(로) 학교(에) 다녀요. バスで学校に通います。

〈A〉
(1) 선생님(　　　) 차(　　　) 여기(　　　) 오세요.
(2) 책상 위(　　　) 연필(　　　) 교과서(　　　) 있어요.
(3) 그 숙제(　　　) 친구(　　　) 전화(　　　) 부탁했어요.
(4) 신촌(　　　) 명동(　　　) 버스를 타면 돼요.

〈B〉
(1) 우리 커피숍(　　　) 커피(　　　) 마시면서 같이 숙제(　　　) 할까요?
(2) 낙성대(　　　) 신촌(　　　) 지하철(　　　) 가요?
(3) 누(　　　) 지현 씨(　　　) 선물(　　　) 줄까요?
(4) 서울(　　　)는 사람(　　　) 많고 차(　　　) 많아요.

コラム ◆ 韓国の早口言葉
2-50

　韓国の早口言葉をいくつか紹介しよう。
1. 간장 공장 공장장은 강 공장장이고, 된장 공장 공장장은 공 공장장이다.
　醬油工場の工場長は姜工場長で、味噌工場の工場長は孔工場長だ。

2. 네가 그린 기린 그림은 못 그린 기린 그림이고 내가 그린 기린 그림은 잘 그린 기린 그림이다.
　お前が描いたキリンの絵は下手なキリンの絵で、私が描いたキリンの絵は上手なキリンの絵だ。

3. 저기 계신 저분이 박 법학 박사이시고, 여기 계신 이분이 백 법학 박사이시다.
　あそこにいらっしゃるあの方が朴法学博士でいらっしゃり、ここにいらっしゃるこの方が白法学博士でいらっしゃる。

会話しよう

2-51

有紀さんとカラムさんが、テレビを見ています。

유키 : ① 가람 씨, 숙제(를) 다 했어요?

　　　　우리 뮤직뱅크(를) 볼까요? 7번에서 해요.

가람 : ② 아, 좋아요. (テレビをつける)

　　　　그런데 아직 시작하지 않았어요. 이제 곧 시작해요.

유키 : ③ 아, 지금 하고 있어요! 어머- 박보검이에요.

　　　　정말 잘생겼어요.

가람 : ④ 그래요? 저랑 닮았어요. 잘 봐요.

유키 : ⑤ 흠… 하나도 안 닮았어요.

가람 : ⑥ 네? 네… 미안해요….

〈発音ピックアップ〉
①숙제 [숙쩨]　했어요? [해써요]　뮤직뱅크 [뮤직뺑크]　7번에서 [칠버네서]
②좋아요 [조아요]　시작하지 [시자카지]　않았어요 [아나써요]
　시작해요 [시자케요]
③있어요 [이써요]　박보검이에요 [박뽀거미에요]　잘생겼어요 [잘생겨써요]
④닮았어요 [달마써요]
⑥미안해요 [미아네요]

書いてみよう （文末は、해요体で書くこと）

（1）アルム(아름)さんとハナ(하나)さんは、昨日、宿題をしませんでした。

（2）先生は（→におかれましては）、お金を貸してくださいませんでした。

（3）田中さんの弟はハンサムです。

（4）私(わたし)達は、まだ宿題を終わらせていません。

伝えよう

以下のような文型を使って、自由に会話／文章を組み立ててみよう。

（1）＿＿＿＿＿께서는 ＿＿＿＿＿를/을 안 （尊敬形の**Ⅲ**）＿＿＿＿＿ㅆ어요.

Ⅰ＿＿＿＿＿지 않으셨어요.

（2）＿＿＿＿＿는/은(께서는) ＿＿＿＿＿가/이 아니었어요（아니셨어요）.

（3）＿＿＿＿＿는/은(께서는) ＿＿＿＿＿가/이 없었어요（없으셨어요）.

単語バンク（メディア）

방송국〈放送局〉(放送局、テレビ局)　신문사〈新聞社〉(新聞社)

기자〈記者〉(記者)　프로그램〈program〉(番組)　라디오〈radio〉(ラジオ)

아나운서〈announcer〉(アナウンサー)　팬〈fan〉(ファン)

팬클럽〈fan club〉(ファンクラブ)　아이돌〈idol〉(アイドル)

텔레비전〈television〉(テレビ)

応用会話 3

ここでは、17課から21課で学んだ内容を復習しながら、少し長めの会話に挑戦してみよう。

——週末に何をするか話をしています。

①유키 : 가람 씨, 지난 주말에 무엇을 했어요?

②가람 : 음, 친구를 만났어요. 같이 커피숍에 갔어요.

③메이 : (急に割り込んできて) 가람 씨, 이번 주말에 같이 영화 볼까요?

④가람 : 아, 영화요? 저도 영화 보고 싶어요.

　　　　그런데 숙제가 많이 남아 있어요.

　　　　지금도 그 숙제를 하고 있어요.

⑤유키 : 가람 씨, 그럼 저하고 커피 마시면서 같이 공부할까요?

　　　　그거 일본어 숙제예요? 제가….

⑥가람 : 아뇨, 일본어 숙제가 아니에요.

　　　　사실 이번 주말에는 혼자 있으면서 좀 쉬고 싶어요.

⑦메이 : 그래요. 가람 씨, 좀 쉬세요.

　　　　이번 주에는 공부를 너무 많이 했어요.

　　　　영화는 집에서 컴퓨터로 보면 돼요.

単語と表現

2-53

☐	**이번 ~**	表現 今度の～
☐	**지난 ~**	表現 この間の～
☐	**커피숍**〈coffee shop〉	名 コーヒーショップ
☐	**컴퓨터**〈computer〉	名 コンピュータ、パソコン

〈さあ、話そう！〉

A : _____ 씨, 지난 주말에 뭐 했어요?

B : 음, _____를/을 Ⅲ_____ 써어요.

  Ⅲ_____ 써어요.

C : (急に割り込んできて)

  _____ 씨, _____에 같이 Ⅱ_____ㄹ까요?

B : 아, _____요? 저도 Ⅰ_____고 싶어요.

  그런데 숙제가 많이 남아 있어요.

  지금도 그 숙제를 하고 있어요.

A : _____ 씨, 그럼 저하고 Ⅱ_____면서 같이 Ⅱ_____ㄹ까요?

  그거 _____예요/이에요? 제가….

B : 아뇨, _____가/이 아니에요.

  사실 이번 주말에는 Ⅱ_____면서 좀 Ⅰ_____고 싶어요.

C : 그래요. _____ 씨, Ⅱ_____세요.

  이번 주에는 공부를 너무 많이 했어요.

  _____는/은 {_____에서 _____로/으로} Ⅱ_____면 돼요.

155

これ、前に食べたことがあります

이거 예전에 먹어 봤어요.

  ## 単語と表現

2-54

☐	공항 〈空港〉	名空港	☐	연락 〈連絡〉	名連絡 [～하다]	
☐	과자 〈菓子〉	名菓子	☐	열쇠	名鍵	
☐	그리다	動描く	☐	영국 〈英國〉	名イギリス	
☐	꼭	副きっと、必ず	☐	외국 〈外國〉	名外国	
☐	나누다	動分ける	☐	우산 〈雨傘〉	名傘	
☐	농담 〈弄談〉	名冗談	☐	우표 〈郵票〉	名郵便切手	
☐	담배	名タバコ	☐	음료수 〈飲料水〉	名飲み物	
☐	대신 (에) 〈代身〉	名代わり / 副代わりに	☐	의견 〈意見〉	名意見	
☐	독일 〈獨逸〉	名ドイツ	☐	자기소개 〈自己紹介〉	名自己紹介 [～하다]	
☐	들어가다	動入る	☐	장면 〈場面〉	名場面	
☐	마음껏	副思う存分	☐	전통 〈傳統〉	名伝統	
☐	보내다	動過ごす	☐	제목 〈題目〉	名タイトル	
☐	붙이다	動付ける	☐	지도 〈地圖〉	名地図	
☐	사다	動おごる	☐	진짜 〈眞-〉	名本当 副本当に	
☐	삼계탕 〈蔘鷄湯〉	名参鶏湯	☐	편지 〈便紙〉	名手紙	
☐	생각	名考え [～하다：考える]	☐	피우다	動（タバコを）吸う	

文法ノート

┃ 22.1. 〜てみる［試行］

試行の表現「〜てみる」は、Ⅲ－φ보다により表す。

🔊 活用Check！
2-55

마시다 － 마셔 보다 ／ 마셔 봤다
（飲む）

만들다 － 만들어 보다 ／ 만들어 봤다
（作る）

※実際には、Ⅲ－φ봐요、Ⅲ－φ봤어요という形で使われることが多く、それぞれ（丁寧な）命令（〜してみてください）、経験（〜てみました→〜たことがあります）の意味で用いられる。

例1. 직접 김치찌개를 만들어 봐요.
　　2. 한국 전통 술을 마셔 봤어요.

練習 1 Ⅲ－φ봐요、Ⅲ－φ봤어요の形にし、日本語に訳してみよう。
例：삼계탕을 먹다（参鶏湯を食べる）
　　→삼계탕을 먹어 봐요. 参鶏湯を食べてみてください。
　　→삼계탕을 먹어 봤어요. 参鶏湯を食べてみました。

〈A〉
（1）독일어를 공부하다（ドイツ語を勉強する）
（2）외국에 혼자 살다（外国に1人で住む）
（3）그 사람하고 이야기를 나누다（その人と話を交わす）
（4）영국 소설을 읽다（イギリスの小説を読む）

〈B〉
（1）한국어로 자기소개를 하다（朝鮮語で自己紹介をする）
（2）그 친구와 연락을 끊다（その友達と連絡を絶つ）
（3）친구 얼굴을 그리다（友達の顔を描く）
（4）연예인을 좋아하다（芸能人が好きだ）

22.2. 〜てもいい [許可]

許可の表現「〜てもいい」は、Ⅲ-도 되다により表す。なお、この表現は 22.1. で学んだⅢ-φ보다（〜てみる）の後について Ⅲ-φ봐도 되다（〜てもいい）の形で使われることも多い。

🔊 活用Check！
2-56

마시다 – 마셔도 되다 ／ 마셔 봐도 되다
（飲む）

입다 – 입어도 되다 ／ 입어 봐도 되다
（着る）

例 1. 이 음료수를 마셔도 돼요？／이 음료수를 마셔 봐도 돼요？
2. 한복을 입어도 돼요.／한복을 입어 봐도 돼요.

練習 2 「〜てもいいですか」、「〜てみてもいいですか」という文にしてみよう。
例：잠시 생각하다（しばらく考える）
　　→잠시 생각해도 돼요？／잠시 생각해 봐도 돼요？

〈A〉
（1）이 방에 들어가다（この部屋に入る）
（2）지금부터 먹다（今から食べる）
（3）담배를 피우다（たばこを吸う）
（4）제가 이 선물을 받다（私がこのプレゼントをもらう）

〈B〉
（1）창문을 닫다（窓を閉める）
（2）영어로 말하다（英語で話す）
（3）의견을 내다（意見を出す）
（4）여기에서 손을 씻다（ここで手を洗う）

22.3. 〜なければならない [義務、当為]

義務、当為の表現「〜なければならない」は、Ⅲ-야 되다（하다）により表す。

🔊 活用Check！
2-57

전화하다 – 전화해야 되다(하다)
（電話する）

찾다 － 찾아야 되다（하다）
（探す）

例1. 아침 10시까지 전화해야 돼요.
　2. 오늘 밤까지 그 열쇠를 꼭 찾아야 돼요.

練習 3 朝鮮語に訳してみよう（文末は、해요体で書くこと）。

〈A〉
（1）夜ご飯を食べ終えなければなりません（→すべて食べなければなりません）。
（2）映画のタイトルを決めなければなりません。
（3）空港で5時間を過ごさなければなりません。
（4）手紙の上に切手を貼らなければなりません。

〈B〉
（1）傘を持って行かなければなりません。
（2）今は、目をつぶらなければなりません［見て見ないフリをするという意味］。
（3）木曜日までに宿題を終わらせなければなりません。
（4）私はもうそろそろ行かなければなりません。

22.4. 話しことば形（1）

ここでは話しことばに特有な形の一部を学ぶ。

■ 指示代名詞類の縮約形

　話しことばでは、指示代名詞類は縮約形が使われることが多い。また、指示代名詞類に助詞がついた場合にもそれぞれ以下のような縮約が起こりうる。

2-58

指示代名詞類		指示代名詞類＋は		指示代名詞類＋を		指示代名詞類＋が	
	縮約形		縮約形		縮約形		縮約形
이것（これ）	이거	이것은	이건	이것을	이걸	이것이	이게
그것（それ）	그거	그것은	그건	그것을	그걸	그것이	그게
저것（あれ）	저거	저것은	저건	저것을	저걸	저것이	저게
어느 것（どれ）	어느 거	―	―	어느 것을	어느 걸	어느 것이	어느 게
무엇（何）	뭐	―	―	무엇을	뭘	무엇이	뭐가

　なお、「もの」という意味の形式名詞「것」[껏] も話しことばでは「거」[꺼] になる。
例：친구 것 → 친구 거, 선생님 것 → 선생님 거

■ **指定詞「-이다」の語幹の脱落**

話しことばでは、指定詞「-이다」(〜だ、である)の語幹「-이-」が、母音終わりの体言についた場合、しばしば脱落する。

🔊)) 活用Check！
2-59

선수입니다 → 선숩니다 / 선숩니까?
(選手です（합니다体）)

선수이세요 → 선수세요 / 선수세요?
(選手です（해요体）)

なお、선수예요(해요体)の場合には、そもそも「-이-」が入っていないため、脱落は起こりえない。

■ **一般名詞＋助詞の縮約形**

指示代名詞類以外に一般名詞に助詞(-는、-를)が付く場合にも、縮約が起こりうる。

例：선수는 → 선순, 선수를 → 선술

■ **助詞の脱落**

日本語と同じように朝鮮語でも話しことばにおいては、助詞がしばしば脱落する。例えば応用会話1に出てくる「두 분은 밥을 안 먹습니까?」は、話しことばでは「두 분은 밥 안 먹습니까?」となっても何ら違和感がない。ただし、学習の初期の段階においては助詞を入れた正確な文を作るように心がけたい。

■ **ソウル方言形**

ソウル方言では、Ⅰ-고(〜て)を［구］と発音したり、助詞の-도(〜も)を［두］と発音する人が多い。

※その他の話しことば形については、37.3. (第2巻)で学ぶ。

例1. 그건 선생님 겁니다.
　2. 뭘 찾으세요? 혹시 이걸 찾으세요?

練習 4 話しことば形で言ってみよう（文末は、합니다体で書くこと）。

〈A〉

（1）あれは何ですか。

（2）これが中国の地図ですか。

（3）どれが私の消しゴムですか。

（4）これを２つください。

〈B〉

（1）それは田中さんのものです。

（2）チス(지수)さんのものは、それです。

（3）山田さんとテレビで野球を見ました。

（4）これとこれの中でどれを買いたいですか。

練習 5 以下の会話の中に、どのような話しことば形が使われているか探してみよう。

A：가람 씨, 그거 두 갠 뭐예요?

B：뭐요? 아, 이거요? 우산이에요. 오늘 샀어요. 어느 게 더 좋아요?

A：이게 더 좋아요.

B：그럼 이걸 가지세요.

A：(　　　)씨, 그거 (　　　) 뭐예요?

B：뭐요? 아, 이거요? (　　　)이에요. 오늘 샀어요. 어느 게 더 (　　　)요?

A：(　　　) 더 (　　　)요.

B：그럼 (　　　) (　　　)세요.

会話しよう

2-60

有紀さんが、カラムさんに日本のお菓子を勧めます。

유키 : ① 가람 씨! 이거(를) 한번 드셔 보세요!

가람 : ② 그게 뭐예요?

　　　　(食べてみて) 우와! 진짜 맛있어요. 이거 다 먹어도 돼요?

유키 : ③ 네, 이건 일본 과자예요. 다 드세요.

　　　　대신에 커피(를) 사야 돼요!

가람 : ④ 네? 그, 그래요.

유키 : ⑤ (호호-) 농담이에요. 마음껏 드셔도 돼요.

가람 : ⑥ 네, 감사합니다. 그런데, 이거(는) 예전에 먹어 봤어요.

〈発音ピックアップ〉
②뭐예요? [뭐에요]　맛있어요 [마시써요]　먹어도 [머거도]
③과자예요 [과자에요]　대신에 [대시네]
⑤농담이에요 [농다미에요]
⑥감사합니다 [감사함니다]　예전에 [예저네]　먹어 봤어요 [머거봐써요]

コラム ◆ ソックリなお菓子

　韓国のスーパー(마트)やコンビニ(편의점)に行くと、どこか見覚えのあるお菓子(과자)に遭遇することがある。ポッキーに似た「빼빼로」(롯데)、ハイチューに似た「마이쮸」(크라운제과)、きのこの山に似た「초코송이」(오리온)、おっとっとに似た「고래밥」(오리온)、かっぱえびせんに似た「새우깡」(농심)など。機会(기회)があれば、日本のものと味比べをしてみてはどうだろうか。もちろん日本にはないお菓子もたくさんあるので、是非お試しを!

書いてみよう（文末は、해요体で書くこと）

（1）私もこれを食べてみたいです（話しことば形を使うこと）。

（2）あのー、その新聞を読んでもよいですか。

（3）このカフェに入ってみてもよいですか。

（4）今からは英語で話さなければなりません。

伝えよう

以下のような文型を使って、自由に会話／文章を組み立ててみよう。

（1）＿＿＿＿＿＿＿를/을 Ⅲ＿＿＿＿＿＿ 봐요.

（2）＿＿＿＿＿＿＿를/을 Ⅲ＿＿＿＿＿ 봤어요.

（3）＿＿＿＿＿에서 ＿＿＿＿＿를/을 Ⅲ＿＿＿＿＿도 돼요.

（4）＿＿＿＿＿＿를/을 꼭 Ⅲ＿＿＿＿야 돼요.

● **単語バンク（身近なもの２）**

화장품〈化粧品〉（化粧品）　　초콜릿〈chocolate〉（チョコレート）

김（海苔）　생선〈生鮮〉（魚）　빵（パン）

손수건〈-手巾〉（ハンカチ）　시디〈CD〉（CD）　지갑〈紙匣〉（財布）

いつか家に招待してください

언젠가 집에 초대해 주세요.

  単語と表現

2-61

☐	가늘다	形細い	☐	맥주 〈麥酒〉	名ビール
☐	거리	名通り、道	☐	설명 〈説明-〉	名説明 [~하다]
☐	걸다	動かける	☐	손님	名お客さん
☐	그만	副それくらいにして	☐	시장 〈市場〉	名市場
☐	날짜	名日付	☐	쓰레기	名ごみ
☐	다녀오다	動行ってくる	☐	쓰레기통 〈-桶〉	名ごみ箱
☐	다리	名脚	☐	언젠가	副いつかは、そのうち
☐	다시	副また、再び	☐	인형 〈人形〉	名人形
☐	달다	形甘い	☐	초대 〈招待〉	名招待 [~하다]
☐	대답하다 〈對答-〉	動答える	☐	팔다	動売る
☐	둥글다	形丸い	☐	하루 종일 〈-終日〉	名一日中
☐	~(이)든지	助~でも	☐	해외 〈海外〉	名海外
☐	들다	動入る	☐	힘들다	形つらい
☐	떠들다	動騒ぐ	☐		

※固有数詞は、23.4. を参照。

※다시 한번：もう一度

※疑問詞＋(이)든지：〜でも

　언제든지 (いつでも)　　누구든지 (誰でも)　　　어디든지 (どこでも)

　무엇이든지 (何でも)　　얼마든지 (いくらでも)

文法ノート

23.1. ㄹ語幹用言

語幹末が ㄹ(리을) である用言は、子音語幹用言とは異なる活用をすることがあるため、「ㄹ語幹用言」とよび区別する。具体的には、以下のような点で不規則な振る舞いをする。

ㄹ語幹用言は、

1. 第Ⅱ語基において -으- がつかない。
   (つまり、第Ⅰ語基と第Ⅱ語基が同形になる)
2. 第Ⅰ語基、第Ⅱ語基に「ㅅ、ㅂ、ㄹ※、ㄴ」から始まる語尾類が続く時に、語基の末尾の ㄹ が脱落する。
3. 합니다体「〜です(か)、〜ます(か)」を作る時に、Ⅰ-습니다 ではなく、Ⅱ-ㅂ니다 を用いる。

※ Ⅱ-ㄹ까요? のようにパッチムに ㄹ を持つ語尾類のみ。

例えば、살다(住む)、만들다(作る)の3つの語基は、以下のようになる。

살다 : Ⅰ 살-　　Ⅱ 살-　　Ⅲ 살아-
(살으 X)

만들다 : Ⅰ 만들-　Ⅱ 만들-　Ⅲ 만들어-
(만들으 X)

上の2つの用言に Ⅰ-고 있다、Ⅱ-면서、Ⅱ-시다、Ⅱ-ㄹ까요?、Ⅱ-ㅂ니다 をつけてみよう。

🔊 살고 있다 / 살면서 / 사시다 / 살까요? / 삽니다
2-62

만들고 있다 / 만들면서 / 만드시다 / 만들까요? / 만듭니다

例 1. 이번 주말에 같이 음식을 만들까요?
　　2. 이 인형은 다리가 너무 깁니다.

練習 1 次の用言に ①-고 있어요、②-면서、②-세요、②-ㄹ까요?、②-ㅂ니다をつけて言ってみよう。

例：놀다（遊ぶ）→ 놀고 있어요／놀면서／노세요／놀까요?／놉니다

〈A〉
（1）들다（持つ）
（2）떠들다（騒ぐ）
（3）살다（住む）
（4）알다（知る、わかる）

〈B〉 ※形容詞には、つけられるものだけ、つけてみよう。
（1）울다（泣く）
（2）팔다（売る）
（3）멀다（遠い）
（4）힘들다（つらい）

練習 2 ③-요?で質問し、②-ㅂ니다で答えてみよう。ただし、「はい」で答えること。
例：하나 씨는 학교에서 놀다（ハナさんは学校で遊ぶ）
　　→하나 씨는 학교에서 놀아요? -네, (하나 씨는) 학교에서 놉니다.

〈A〉
（1）음식이 너무 달다（食べ物があまりに甘い）
（2）이 일은 정말 힘들다（この仕事は本当につらい）
（3）학교에서 집까지 매우 멀다（学校から家までとても遠い）
（4）친구와 하루 종일 떠들다（友達と一日中騒ぐ）

〈B〉
（1）손님에게 과일을 팔다（お客さんに果物を売る）
（2）거리에서 사람에게 말을 걸다（通りで人に話しかける）
（3）지수 씨는 서울에 살다（チスさんはソウルに住んでいる）
（4）해외 여행은 돈이 많이 들다（海外旅行はお金がたくさんかかる）

23.2. ～てください ［依頼］

依頼の表現「～てください」は、Ⅲ-φ주십시오／주세요により表す。

🔊 活用Check！
2-63

사다 － 사 주십시오 ／ 사 주세요
（買う）

읽다 － 읽어 주십시오 ／ 읽어 주세요
（読む）

> ※ 14.4. で学んだ「尊敬形のⅡ-ㅂ시오」（해요体は、Ⅱ-세요）は、丁寧に指示をする際などに用いる命令表現の一種であるのに対し、ここで学ぶⅢ-φ주십시오／주세요は、自己の利益のために何かをお願いする依頼表現である。日本語では、いずれも「～てください」と訳されるので、使い分けに注意したい。
> 例：가십시오／가세요(指示、命令) ⇔ 가 주십시오／가 주세요(依頼)

例1. 다녀오십시오./다녀오세요. ⇔ 다녀와 주십시오./다녀와 주세요.
  2. 설명하십시오./설명하세요. ⇔ 설명해 주십시오./설명해 주세요.

23.3. ～ましょう ［勧誘］

勧誘の表現「～ましょう」（합니다体の勧誘形）は、Ⅱ-ㅂ시다により表す。これは합니다体の語尾ではあるが、目上の人に対しては使いにくい表現であるので注意しよう。

🔊 活用Check！
2-64

외우다 － 외웁시다
（覚える）

닫다 － 닫읍시다
（閉める）

만들다 － 만듭시다
（作る）

例1. 우리 같이 여행을 갑시다.
  2. 다시 한번 생각해 봅시다.

練習 **3** 与えられた語を例のように5つの朝鮮語に訳してみよう。

例：눈을 감다（目を閉じる）

[丁寧な命令] 눈을 감으십시오./눈을 감으세요.

　　[依頼] 눈을 감아 주십시오./눈을 감아 주세요.

　　[勧誘] 눈을 감읍시다.

〈A〉

（1）빨리 대답하다（早く答える）

（2）쓰레기는 쓰레기통에 버리다（ごみは、ごみ箱に捨てる）

（3）공원에서 잠시 쉬다（公園でしばらく休む）

（4）2시까지 수업을 끝내다（2時までに授業を終わらせる）

〈B〉

（1）문을 열다（ドアを開ける）

（2）다시 한번 읽어 보다（もう一度、読んでみる）

（3）그만 돌아가다（それくらいにして帰る）

（4）맥주를 마시면서 잠시 기다리다（ビールを飲みながらしばらく待つ）

23.4. ひとつ、ふたつ、みっつ… [固有数詞（2）]

12.1. では固有数詞のうち29こまでの数え方を学んだが、この課では30こから99こまでの数え方を学ぶ。

2-65	30こ	40こ	50こ	60こ	70こ	80こ	90こ
	서른	마흔	쉰	예순	일흔	여든	아흔

※この課で全ての数詞が出そろった。数詞のまとめは、p.223も参照。

練習 **4** 朝鮮語で質問し、次の年齢で答えてみよう。

例：몇 살이세요?（42歳）→ 마흔 두 살이에요.

〈A〉

（1）59歳　　　　　（2）85歳

（3）37歳　　　　　（4）42歳

（5）91歳　　　　　（6）62歳

〈B〉

(1) 60歳　　　　(2) 74歳

(3) 36歳　　　　(4) 53歳

(5) 48歳　　　　(6) 81歳

ソウル 蚕室（잠실）のロッテワールドタワー（555m、123階建て）

コラム ◆ 子音字の名称

　朝鮮語の子音字は、以下のような名称を持っている。綴りを説明する際など、日常生活でも使われることがあるので、知っておくとよいだろう（以下には、韓国式の名称を示す）。

ㄱ：기역　　ㄴ：니은　　ㄷ：디귿　　ㄹ：리을　　ㅁ：미음　　ㅂ：비읍

ㅅ：시옷　　ㅇ：이응　　ㅈ：지읒　　ㅊ：치읓　　ㅋ：키읔　　ㅌ：티읕

ㅍ：피읖　　ㅎ：히읗

ㄲ：쌍기역　ㄸ：쌍디귿　ㅃ：쌍비읍　ㅆ：쌍시옷　ㅉ：쌍지읒

会話しよう

2-66

有紀さんとカラムさんが、住んでいるところについて話しています。

유키 : ① 가람 씨는 어디에 사세요? 학교에서 멀어요?

가람 : ② 네, 조금 멉니다. 신촌 근처에서 살고 있어요.

유키 : ③ 아, 그래요? 언젠가 집에 초대해 주세요.

　　　　가람 씨 집에 가 보고 싶어요.

가람 : ④ 그럴까요? 유키 씨가 날짜를 정해 주세요.

　　　　저는 언제든지 괜찮아요.

유키 : ⑤ 그래도 돼요? 음, 다음 주 월요일은 힘드세요?

가람 : ⑥ 음, 좋아요. 저녁 6시까지 저희 집으로 와 주세요.

〈発音ピックアップ〉
①멀어요? [머러요]
②멉니다 [멈니다]　있어요 [이써요]
③집에 [지베]　싶어요 [시퍼요]
④정해 [정애]　괜찮아요 [궨차나요]
⑤다음 주 [다음쭈]　월요일은 [워료이른]
⑥좋아요 [조아요]　저희 [저이]　집으로 [지브로]

コラム ◆ チャイナタウン

　日本では横浜、神戸、長崎などにチャイナタウンが存在するが、韓国では仁川(인천)駅の東側の地域(지역)にチャイナタウンが存在する。その他、中国東北地方(지방)から移住してきた朝鮮族(조선족)や漢族の人々が多く居住する地域がソウル市内の加里峰洞(가리봉동)や大林洞(대림동)などに存在する。朝鮮族の人口(인구)の多い地域では、本場さながらの羊肉串(양꼬치)を味わうことができる。

書いてみよう（文末は指定された文体で書くこと）

（1）社長は(→におかれましては)、横浜に住んでいらっしゃいます。[해요体]

（2）コンビニでも麦茶を売っていますか(→売りますか)。[합니다体]

（3）先生は(→におかれましては)、来週の火曜日は難しくていらっしゃいます。

（予定が合わないという意味で）[해요体]

（4）ご飯をおごってください。[해요体]

 伝えよう

〈（1）と（2）は、以下の用言を使って言ってみよう〉
걸다　놀다　들다　떠들다　만들다　살다　알다　열다　울다　팔다
가늘다　길다　달다　둥글다　멀다　힘들다

（1）_____께서는（　　　　　　　）Ⅱ_____세요.

（2）_____는/은（　　　　　　　）Ⅱ_____ㅂ니다.

（3）_____를/을 Ⅲ_____ 주십시오／주세요.

（4）_____를/을 Ⅱ_____ㅂ시다.

● 単語バンク（天気）

● 날씨가 좋다（天気がいい）　날씨가 맑다（天気が澄んでいる）

● 날씨가 흐리다（天気が曇っている）　날씨가 개다（天気が晴れる）

● 비가／눈이 내리다（雨が／雪が降る）　기온〈氣溫〉（気温）

● 영하 ～도〈零下-度〉（マイナス～度）　영상 ～도〈零上-度〉（プラス～度）

トッポギは辛いからとても好きです

떡볶이는 매워서 너무 좋아요.

  単語と表現

2-67

☐	가게	名店		☐	손	名手
☐	가볍다	形軽い ㅂ変		☐	쉽다	形易しい ㅂ変
☐	걱정	名心配 [～하다]		☐	싱겁다	形味が薄い ㅂ変
☐	겨울	名冬		☐	아기	名赤ちゃん
☐	고맙다	形ありがたい ㅂ変		☐	아름답다	形美しい ㅂ変
☐	곱다	形綺麗だ ㅂ変		☐	어때요？	表現どうですか
☐	굽다	動焼く ㅂ変		☐	어렵다	形難しい ㅂ変
☐	귀엽다	形かわいい ㅂ変		☐	어울리다	動似合う
☐	기분〈氣分〉	名気分、気持ち		☐	엄청	副とっても
☐	깜짝	副びっくり（驚く様子）		☐	오랜만	名久しぶり
☐	나중에	表現後で、後程		☐	이미	副もう、すでに
☐	날씨	名天気		☐	입장료〈入場料〉	名入場料
☐	놀라다	動驚く、びっくりする		☐	전부〈全部〉	名全部
☐	눕다	動横になる ㅂ変		☐	지각〈遅刻〉	名遅刻 [～하다]
☐	덥다	形暑い ㅂ変		☐	쭉	副ずっと
☐	돕다	動助ける、手伝う ㅂ変		☐	춥다	形寒い ㅂ変
☐	맵다	形辛い ㅂ変		☐	통화하다〈通話-〉	動電話で話す
☐	무겁다	形重い ㅂ変		☐		

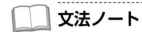

文法ノート

24.1. ㅂ変格用言

　語幹末がㅂ(비읍)である用言の中には、不規則な活用をするものがある。このような用言を「ㅂ変格用言」とよぶ。ㅂ変格用言は、第Ⅰ語基においては、規則的な活用をするが(＝基本形から-다を取った形)、第Ⅱ、Ⅲ語基においては、以下のように不規則な振る舞いをする。

> ㅂ変格用言は、
> 　1．第Ⅱ語基では、語幹末のㅂが脱落し、-우-がつく。
> 　2．第Ⅲ語基では、語幹末のㅂが脱落し、-워-がつく。

　例えば、가깝다(近い)、춥다(寒い)の3つの語基は、以下のようになる。

가깝다 : Ⅰ 가깝-　Ⅱ 가까우-　Ⅲ 가까워-

춥다 : Ⅰ 춥-　　Ⅱ 추우-　　Ⅲ 추워-

　上の2つの用言にⅡ-면서、Ⅲ-요、Ⅲ-ㅆ습니다、Ⅲ-ㅆ어요をつけてみよう。

🔊 가까우면서 / 가까워요 / 가까웠습니다 / 가까웠어요
2-68

추우면서 / 추워요 / 추웠습니다 / 추웠어요

　なお、돕다(助ける)、곱다(綺麗だ)の2語は、第Ⅲ語基で-워-ではなく、-와-がつくので注意。

돕다 : Ⅰ 돕-　Ⅱ 도우-　Ⅲ 도와-

곱다 : Ⅰ 곱-　Ⅱ 고우-　Ⅲ 고와-

また、입다(着る)、잡다(掴む、取る)、좁다(狭い)などは、正格用言であるので、注意。

입다 : Ⅰ 입- Ⅱ 입으- Ⅲ 입어-

※ㅂ変格用言は、形容詞に多いという特徴を持つが、変格用言であるか、正格用言であるかの区別は、1つ1つ覚えなければならない。辞書の見出し語には変格用言の場合、ㅂ変などと表示されているので、参考にするとよい。

例 1. 어머니를 도우면서 어머니에게 용돈을 받고 있어요.
　　2. 한복을 입으면 기분이 좋아요.

練習 1 次の用言にⅡ-면서、Ⅲ-요、Ⅲ-ㅆ습니다、Ⅲ-ㅆ어요をつけて言ってみよう。
例：가깝다（近い）→ 가까우면서、가까워요、가까웠습니다、가까웠어요

〈A〉
（1）가볍다（軽い）　　　　　（2）덥다（暑い）
（3）춥다（寒い）　　　　　　（4）쉽다（易しい）

〈B〉
（1）어렵다（難しい）　　　　（2）좁다（狭い）
（3）굽다（焼く）　　　　　　（4）곱다（綺麗だ）

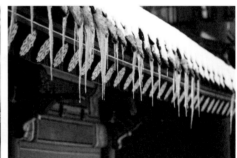

練習 2 （　　）の用言を指示された形に変え、日本語に訳してみよう。

例：올해 여름은 정말 （덥다 : 暑い, Ⅲ-요）.

　　→올해 여름은 정말 더워요. 今年の夏は、本当に暑いです。

〈A〉

（1）저 여자 연예인은 매우 （아름답다 : 美しい, Ⅲ-요）.

（2）가방이 너무 （무겁다 : 重い, Ⅲ-ㅆ어요）.

（3）김치찌개가 조금 （싱겁다 : 味が薄い, Ⅲ-요）.

（4）누구를 （돕다 : 助ける, Ⅱ-면 돼요）?

〈B〉

（1）이 옷을 （입다 : 着る, Ⅰ-고 싶어요）.

（2）제 손을 （잡다 : 掴む, Ⅲ-ϕ보세요）.

（3）저는 음식이 （맵다 : 辛い, Ⅲ-도 돼요）.

（4）한국의 날씨는 겨울에는 （춥다 : 寒い, Ⅱ-면서） 여름에는 （덥다 : 暑い, Ⅲ-요）.

24.2.　〜ので、〜から [理由]

　　朝鮮語の理由表現「〜ので、〜から」には、Ⅲ-서、Ⅱ-니까の２つがある。Ⅱ-니까は、話しことばで多く使用されるほか、両者は以下のような文法上の違いを持つ。

	Ⅲ-서	Ⅱ-니까
Ⅲ-ㅆ다（過去形）につくことが	できない (Ⅲ-ㅆ어서 ×)	できる (Ⅲ-ㅆ으니까 ○)
後に勧誘文、命令文がくることが	できない	できる
後に感情表現がくることが	できる	できない

🔊 **活用Check！**

2-69

쉬다 − 쉬어서 ／ 놀다 − 놀아서 ／ 춥다 − 추워서
(休む)　　　　　　　(遊ぶ)　　　　　　　(寒い)

쉬다 − 쉬니까 ／ 쉬었다 − 쉬었으니까
(休む)　　　　　　　(休んだ)

놀다 − 노니까 ／ 놀았다 − 놀았으니까
(遊ぶ)　　　　　　　(遊んだ)

춥다 − 추우니까 ／ 추웠다 − 추웠으니까
(寒い)　　　　　　　(寒かった)

なお、指定詞「-이다」(〜だ、である)、「-가/이 아니다」(〜ではない)のⅢ-서はやや特殊な形になるので、注意を要する。-이다(〜だ、である)は、パッチムなし体言につく場合は-라서、パッチムあり体言につく場合は-이라서となり、-가/이 아니다 (〜ではない)は、一律に-가/이 아니라서となる。

※これまで学んできたように「-이다」(〜だ)、「-가/이 아니다」(〜ではない)の第Ⅲ語基は、後につく語尾類によって3通りの形を持つ。以下の①〜③の　の部分がそれぞれ第Ⅲ語基である。

① Ⅲ-요 (해요体)　친구예요 / 선생님이에요 / 학생이 아니에요 17.1.
② Ⅲ-ㅆ다 (過去形)　친구였어요 / 선생님이었어요 / 학생이 아니었어요
　　　　　　　　　　　　　　　　　　　　　　　　　　　　　　　20.2.
③ Ⅲ-서 (理由)　친구(이)라서 / 선생님이라서 / 학생이 아니라서 24.2.

例 1. 많이 놀아서 이제는 공부를 해야 돼요.
　2. 오늘까지 쭉 쉬어서 기분이 좋았습니다.
　3. 문제가 어려우니까 공부를 열심히 하세요.
　4. 이 옷은 저에게 잘 어울리니까 꼭 사고 싶어요.

練習 3 Ⅲ-서を使って、「〜ので／から〜です(ます)」という文を作ってみよう。
(文末は、해요体で書くこと)

例: 겨울이 되다 (冬になる)
　　날씨가 춥다 (天気が寒い)
　　→겨울이 돼서 날씨가 추워요.

〈A〉
(1) 차를 가지고 싶다 (車が欲しい)
　　열심히 일을 하다 (一生懸命働く)
(2) 한국어 단어를 다 외우다 (朝鮮語の単語を全て覚える)
　　걱정이 없다 (心配がない)
(3) 지금 아기가 자고 있다 (今、赤ちゃんが寝ている)
　　나중에 통화해야 되다 (後で電話で話さなければならない)
(4) 오랜만에 친구를 만나다 (久しぶりに友達に会う)
　　너무 반갑다 (とてもうれしい)

〈B〉
（1）옷이 잘 어울리다（服がよく似合う）
　　바로 사고 싶다（すぐに買いたい）
（2）사람이 누워 있다（人が横になっている）
　　사람들이 전부 깜짝 놀라다（みんなびっくりする）
（3）수업이 이미 시작하다（授業がすでに始まる）
　　지각이다（遅刻だ）
（4）학생이 아니다（学生ではない）
　　입장료를 내야 하다（入場料を払わなければならない）

練習 4 Ⅱ-니까を使って、「～ので／から～」という文を作ってみよう。
　　　　　　　　　　　　　　　（1〜4の文末は、해요体で書くこと）
例：오늘은 주말이다（今日は週末だ）
　　청소를 하다（掃除をする）
　　→오늘은 주말이니까 청소를 해요.

〈A〉
（1）지금 아기가 자고 있다（今、赤ちゃんが寝ている）
　　나중에 통화해야 되다（後で電話で話さなければならない）
（2）학생이 아니다（学生ではない）
　　입장료를 내야 하다（入場料を払わなければならない）
（3）이 식당은 값이 비싸다（この食堂は値段が高い）
　　손님이 없다（お客さんがいない）
（4）집에서 학교가 가깝다（家から学校が近い）
　　너무 좋다（とても良い）

〈B〉　後に命令文や勧誘文がくる場合は、以下の問題で確認しよう。
（1）춥다（寒い）
　　창문을 닫다（窓を閉める）　[命令（依頼）：Ⅲ-φ주세요]
（2）숙제를 다 했다（宿題を全てした）
　　집에 가다（家に帰る）　[勧誘：Ⅱ-ㅂ시다]
（3）눈이 내리다（雪が降る）
　　조심하다（気を付ける）　[命令：Ⅱ-세요]
（4）비가 오다（雨が降る）
　　우산을 가져 가다（傘を持って行く）　[勧誘：Ⅱ-ㅂ시다]

会話しよう

カラムさんは、重い本を持っている有紀さんを助けてあげました。

가람 : ① (本を置きながら) 우와, 엄청 무거워요. 책이에요?

유키 : ② 네. 도와 줘서 고마워요. 가람 씨한테 점심을 사고 싶어요.

가람 : ③ 그래요? 점심에는 약속이 있으니까 안 돼요. 저녁은 어때요?

유키 : ④ 네, 좋아요. 그런데 뭘 먹을까요?

가람 : ⑤ 저는 떡볶이 가게에 가고 싶어요.

　　　 떡볶이는 매워서 너무 좋아요.

유키 : ⑥ 그럼 이따가 저녁에 그 떡볶이 가게 앞에서 만나요.

〈発音ピックアップ〉
① 책이에요? [채기에요]
② 점심을 [점시믈] 싶어요 [시퍼요]
③ 점심에는 [점시메는] 약속이 [약쏘기] 있으니까 [이쓰니까] 저녁은 [저녀근]
④ 좋아요 [조아요] 먹을까요? [머글까요]
⑤ 떡볶이 [떡뽀끼] 싶어요 [시퍼요]
⑥ 저녁에 [저녀게] 앞에서 [아페서]

コラム ◆ キムチ

　朝鮮民族の食事に欠かせないキムチ(김치)。食堂(식당)に行くと、注文(주문)をしなくても必ずおかず(반찬)として登場する(おかわり自由)。一説によると、キムチは食材や調味料(조미료)から180以上もの種類に分かれるというが、主材料としては白菜(배추)、大根(무)、キュウリ(오이)、その他の野菜(야채)、海苔(김)などが使われることが多い(なお、一般に南に行くほど唐辛子(고추)の量が多くなる傾向があるといわれる)。かつては秋の風物詩といえば、野菜(야채)の供給量が少なくなる冬に備えて、越冬用のキムチを漬ける行事(＝김장)を指すことが多かったが、最近は白菜の供給が１年中なされるようになり、以前よりは少なくなってきている。

書いてみよう （文末は、해요体で書くこと）

（1）今年の冬は、本当に寒かったです。

（2）暑ければ、ドアを開けてください。

（3）学生なので、入場料が安いです。

（4）朝鮮語が上手になりたいので(→上手にしたいので)、毎日勉強しています。

 伝えよう

〈（1）は、以下の用言を使って言ってみよう〉

가볍다−무겁다　　덥다−춥다　　맵다−싱겁다　　쉽다−어렵다

가깝다　고맙다　귀엽다　반갑다　아름답다　좁다

굽다　눕다　돕다　입다　잡다

（1）＿＿＿＿＿＿＿＿는/은 (＿＿＿＿＿＿) Ⅲ＿＿＿＿＿＿＿＿요 (ㅆ어요).

（2）＿＿＿＿＿＿＿＿는/은 Ⅲ＿＿＿＿서 ＿＿＿＿＿＿＿＿＿＿＿＿.

＿＿＿＿＿＿＿＿는/은 Ⅱ＿＿＿＿니까＿＿＿＿＿＿＿＿＿＿.

単語バンク （形容詞１）

좋다 （良い）⇔ 싫다 （嫌だ）　높다 （高い）⇔ 낮다 （低い）

넓다 （広い）⇔ 좁다 （狭い）　많다 （多い）⇔ 적다 （少ない）

두껍다 （厚い）⇔ 얇다 （薄い）

짜다 （塩辛い）　쓰다 （苦い）　싱겁다 （味が薄い）　달다 （甘い）

시다 （酸っぱい）　맵다 （辛い）

※以下は　存在詞から作られた表現。

재미있다 （面白い）　재미없다 （面白くない）

맛있다 （おいしい）　맛없다 （まずい、おいしくない）

第25課 **友達と一緒に遊びに行くんですよ**
친구랑 같이 놀러 가거든요.

  単語と表現

2-71

☐	거의	副 ほとんど	☐	발표 〈發表〉	名 発表 [〜하다]
☐	곳	名 所、場所	☐	백화점 〈百貨店〉	名 デパート
☐	관광 〈観光〉	名 観光 [〜하다]	☐	별로 〈別−〉	副 別に、さほど
☐	관광지 〈観光地〉	名 観光地	☐	부엌	名 台所
☐	그럼요	表現 もちろんですよ	☐	불	名 明かり
☐	기쁘다	形 うれしい	☐	비슷하다	形 似ている
☐	끄다	動 消す	☐	성격 〈性格〉	名 性格
☐	나쁘다	形 悪い	☐	섬	名 島
☐	두통약 〈頭痛藥〉	名 頭痛薬	☐	슬프다	形 悲しい
☐	마음	名 心、気持ち	☐	시험 〈試験〉	名 試験、テスト
☐	마음에 들다	表現 気に入る	☐	어떤 〜	冠 どんな〜
☐	마침	副 ちょうど、程よく	☐	예쁘다	形 かわいい、きれいだ
☐	먼저	副 先に、まず	☐	졸업식 〈卒業式〉	名 卒業式
☐	멋있다	形 素敵だ	☐	키가 크다/작다	表現 背が高い/低い
☐	모델 〈model〉	名 モデル	☐	학회 〈學會〉	名 学会
☐	바쁘다	形 忙しい	☐	후지산	名 富士山

※薬を飲む：약을 먹다 （←薬を食べる）

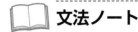

文法ノート

25.1. 으語幹用言

　母音語幹用言のうち、語幹末母音が＿である用言は、他の母音語幹用言とは異なる活用をすることがあるため、「으語幹用言」とよび区別する。으語幹用言は、第Ⅰ語基と第Ⅱ語基においては、他の母音語幹用言同様、規則的な活用をするが(＝基本形から-다を取った形)、第Ⅲ語基においては、以下のように不規則な振る舞いをする。

> 으語幹用言は、
> 1. 第Ⅲ語基で語幹末の＿が脱落し、＿の前の母音が陽母音(ㅏ、ㅗ)であれば-ㅏ-が、陰母音(ㅏ、ㅗ以外)であれば-ㅓ-がつく。
> 2. ただし、크다(大きい)、끄다(消す)、쓰다(書く、使う)のように単音節語幹の(＿の前に文字がない)場合には、一律に-ㅓ-がつく。

　例えば、나쁘다(悪い)、슬프다(悲しい)、크다(大きい)の３つの語基は、以下のようになる。

나쁘다 : Ⅰ 나쁘- Ⅱ 나쁘- Ⅲ 나빠-

슬프다 : Ⅰ 슬프- Ⅱ 슬프- Ⅲ 슬퍼-

크다 : Ⅰ 크- 　 Ⅱ 크- 　 Ⅲ 커-

　上の３つの用言にⅡ-ㅂ니다、Ⅲ-요、Ⅲ-ㅆ습니다、Ⅲ-ㅆ어요をつけてみよう。

🔊 나쁩니다 / 나빠요 / 나빴습니다 / 나빴어요
2-72

슬픕니다 / 슬퍼요 / 슬펐습니다 / 슬펐어요

큽니다 / 커요 / 컸습니다 / 컸어요

例1. 시험에 떨어져서 기분이 나빴어요.
　 2. 돈을 거의 다 써서 너무 슬퍼요.

練習 1 次の用言に Ⅱ-ㅂ니다、Ⅲ-요、Ⅲ-ㅆ습니다、Ⅲ-ㅆ어요をつけて言ってみよう。

例：나쁘다 (悪い) → 나쁩니다、나빠요、나빴습니다、나빴어요

〈A〉
（1）예쁘다 (かわいい、きれいだ)
（2）배가 고프다 (お腹が空く)
（3）크다 (大きい)
（4）모으다 (集める)

〈B〉
（1）끄다 (消す)
（2）슬프다 (悲しい)
（3）쓰다 (書く、使う)
（4）늦다 (遅れる)

練習 2 （　）の用言を指示された形に変え、日本語に訳してみよう。

例：배가 너무 (고프다：(お腹が)すく, Ⅲ-서) 먼저 밥을 먹었습니다.
　　→배가 너무 고파서 먼저 밥을 먹었습니다.
　　　あまりにお腹が空いたので、先にご飯を食べました。

〈A〉
（1）제 친구는 돈을 많이 (모으다：集める、貯める, Ⅲ-ㅆ어요).
（2）요새는 많이 (바쁘다：忙しい, Ⅲ-요).
（3）일본 친구에게 편지를 (쓰다：書く, Ⅲ-ㅆ어요).
（4）그 영화가 너무 (슬프다：悲しい, Ⅲ-서) 많이 울었어요.

〈B〉
（1）머리가 (아프다：痛い, Ⅲ-서) 두통약을 먹었습니다.
（2）그 모델은 키가 (크다：大きい, Ⅱ-면서) 얼굴도 (예쁘다：かわいい, Ⅲ-요).
（3）아침에 너무 (바쁘다：忙しい, Ⅲ-서) 약속에 늦었어요.
（4）수업이 끝나서 교실의 불을 다 (끄다：消す, Ⅲ-ㅆ어요).

█ 25.2. ～んですよ ［根拠］

　相手が疑問に思うであろうことに対する根拠を先に提示する表現「～んですよ」は、Ⅰ-거든요(発音は［거든뇨])により表す。

🔊))） 活用Check！
2-73

예쁘다 – 예쁘거든요 ／ 예쁘시거든요 ／ 예뻤거든요
（かわいい、きれいだ）

없다 – 없거든요 ／ 없으시거든요 ／ 없었거든요
（ない、いない）

例 1. 저는 김수현이 좋아요. 멋있거든요.
　　2. 오늘 점심은 혼자 밥을 먹어야 돼요. 친구가 없거든요.

練習 3 次の用言を例のように活用させ、意味を考えてみよう。
　　　　　（ただし、中には、活用が成立しない表現もあるので、注意して考えること）
例：먹다 （食べる）
　　→먹거든요／드시거든요／먹었거든요／먹어야 되거든요／먹어도 되거든요

〈A〉
（1）마음이 슬프다 （心が悲しい）
（2）이제 곧 집에 가다 （もうすぐ家に帰る）
（3）그 여자를 사랑하다 （その女性を愛する）
（4）시험문제가 어렵다 （試験問題が難しい）

〈B〉
（1）그 옷이 마음에 들다 （その服が気に入る）
（2）다음 역에서 내리다 （次の駅で降りる）
（3）성격이 나하고 비슷하다 （性格が私と似ている）
（4）피곤해서 쉬고 싶다 （疲れて休みたい）

25.3. ～しに ［目的］

　目的の表現「～しに」は、Ⅱ-러により表す。後には日本語と同様、가다(行く)や오다(来る)、떠나다(離れる)といった移動動詞がくる。

🔊))） 活用Check！
2-74

배우다 – 배우러 가다 ／ 배우러 오다
（習う）

받다 – 받으러 가다 ／ 받으러 오다
（受け取る）

例1. 한국어를 배우러 학교에 가요.

　2. 상을 받으러 졸업식에 왔어요.

練習 4 左右を結んで「〜しに〜ました」という文を作ってみよう。

（文末は、해요体で書くこと）

例： 그림을 그리다（絵を描く）

　　　후지산으로 출발하다（富士山に出発する）

　　　→그림을 그리러 후지산으로 출발했어요.

〈A〉

（1） 옷을 사다（服を買う）

　　　백화점에 가다（デパートに行く）

（2） 어머니를 돕다（母を助ける）

　　　집에 빨리 가다（家に早く帰る）

（3） 서울을 관광하다（ソウルを観光する）

　　　한국으로 떠나다（韓国に旅立つ（離れる））

（4） 책을 읽다（本を読む）

　　　도서관에 가다（図書館に行く）

〈B〉

（1） 요리하다（料理する）

　　　부엌에 들어가다（台所に入る）

（2） 학회에서 발표하다（学会で発表する）

　　　미국에 오다（アメリカに来る）

（3） 회의를 하다（会議をする）

　　　사람들이 여기에 모이다（人々がここに集まる）

（4） 지갑을 가지다（財布をとる（持つ））

　　　집으로 돌아가야 하다（家に帰らなければならない）

★韓国は詩の国である。ここで韓国人であれば誰でも知っている詩を紹介しよう。

서시 (序詩)
윤동주

죽는 날까지 하늘을 우러러　死ぬ日まで空を仰ぎ
한 점 부끄럼이 없기를　一点の恥辱(はじ)なきことを、
잎새에 이는 바람에도　葉あいにそよぐ風にも
나는 괴로워 했다　わたしは心痛んだ。
별을 노래하는 마음으로　星をうたう心で
모든 죽어 가는 것을 사랑해야지　生きとし生けるものをいとおしまねば
그리고 나한테 주어진 길을　そしてわたしに与えられた道を
걸어 가야겠다　歩みゆかねば。
오늘 밤에도 별이 바람에 스치운다　今宵も星が空に吹き晒らされる。

자화상 (自画像)
윤동주

산모퉁이를 돌아 논가 외딴 우물을 홀로 찾아가선 가만히 들여다봅니다.
　山の辺を巡り田圃のそば　人里離れた井戸を　独り尋ねては　そっと覗いて見ます。
우물 속에는 달이 밝고 구름이 흐르고 하늘이 펼치고 파아란 바람이 불고 가을이 있습니다.
　井戸の中は　月が明るく　雲が流れ　空が広がり　青い風が吹いて　秋があります。
그리고 한 사나이가 있습니다.
　そして一人の男がいます。
어쩐지 그 사나이가 미워져 돌아갑니다.
　なぜかその男が憎くなり　帰って行きます。
돌아가다 생각하니 그 사나이가 가엾어집니다. 도로 가 들여다보니 사나이는 그대로 있습니다.
　帰りながら　ふと　その男が哀れになります。引き返して覗くと男はそのままいます。
다시 그 사나이가 미워져 돌아갑니다.
　またその男が憎くなり　帰って行きます。
돌아가다 생각하니 그 사나이가 그리워집니다.
　帰りながら　ふと　その男がなつかしくなります。
우물 속에는 달이 밝고 구름이 흐르고 하늘이 펼치고 파아란 바람이 불고 가을이 있고 추억처럼 사나이가 있습니다.
　井戸の中には　月が明るく　雲が流れ　空が広がり　青い風が吹いて　秋があり　追憶のように男がいます。

訳は、尹一柱編、伊吹郷訳『尹東柱全詩集 空と風と星と詩』（記録社、1984年）による。

会話しよう

2-77

有紀さんは、ソウル大公園に興味があるようです。

유키 : ① 서울대공원은 어떤 곳이에요?

가람 : ② 서울대공원은 관광지예요. 크면서 예뻐요. 왜요?

유키 : ③ 아, 친구랑 같이 놀러 가거든요. 다음 달 15일에….

　　　　그날 바빠요?

가람 : ④ 음, 아뇨. 별로 안 바빠요. 같이 관광하러 가도 될까요?

유키 : ⑤ 그럼요. 꼭 같이 가요. 가람 씨가 같이 가서 너무 기뻐요.

가람 : ⑥ 마침 저도 서울대공원에 다시 놀러 가 보고 싶었거든요.

〈発音ピックアップ〉
①서울대공원은 [서울대공워는] 곳이에요? [고시에요]
②관광지예요 [관광지에요]
③같이 [가치] 가거든요 [가거든뇨] 다음 달 [다음딸] 15일에 [시보이레]
⑤그럼요 [그럼뇨]
⑥싶었거든요 [시펃꺼든뇨]

コラム ◆ 参考書の紹介

　日本で市販されている朝鮮語教材は、用言の活用の説明方法によって大きく2つの種類 (종류)に分かれる(それぞれ語基式、韓国式などとよばれる)。ここでは、復習(복습)と発展的学習のために、本書と同様に語基式により解説をしている朝鮮語教材(교재)をいくつか紹介する(出版年度が新しいものから羅列)。

▶『朝鮮語を学ぼう 改訂版』(菅野裕臣 監修、朝鮮語学研究会 編著、浜之上幸 改訂、白水社、2015年)
▶『基本ハングル文法』(趙義成、NHK出版、2015年)
▶『しくみで学ぶ初級朝鮮語』(内山政春、白水社、2008年)
▶『朝鮮語の入門 改訂版』(菅野裕臣 著、浜之上幸、権容璟 改訂、白水社、2007年)
▶『新・至福の朝鮮語』(野間秀樹、朝日出版社、2007年)

書いてみよう（1〜3の文末は、해요体で書くこと）

（1）とても忙しくて、時間がありませんでした。
（2）アルム(아름)さんは、顔もかわいいし、背も高いです。
（3）本を読みに図書館に行きました。
（4）8月と9月は、中国にいるんですよ。

伝えよう

> 〈（1）は、以下の用言を使って言ってみよう〉
> 끄다　모으다　쓰다
> 고프다　기쁘다　나쁘다　바쁘다　슬프다　아프다　예쁘다　크다

（1）＿＿＿＿＿는/은（＿＿＿＿＿）Ⅲ＿＿＿＿＿요（ㅆ어요）.

（2）＿＿＿＿＿는/은＿＿＿＿＿를/을 Ⅰ＿＿＿＿＿거든요.

（3）＿＿＿＿＿는/은＿＿＿＿＿를/을 Ⅱ＿＿＿＿＿러＿＿＿＿＿에 가요（와요）.
／갔어요（왔어요）.

単語バンク（形容詞2）

이상하다〈異常-〉（変だ）　위험하다〈危険-〉（危険だ）
행복하다〈幸福-〉（幸せだ）　불행하다〈不幸-〉（不幸だ）
충분하다〈充分-〉（十分だ）　편안하다〈便安-〉（楽だ）
따뜻하다（温かい）　시원하다（涼しい）

ここでは、22課から25課で学んだ内容を復習しながら、少し長めの会話に挑戦してみよう。

——電車に乗る前に駅で話をしています。

①**가람** : 유키 씨, 메이 씨 이 전철을 타야 해요.

　　　　교통 카드를 준비해 주세요.

②**유키** : 아, 네. 서울은 전철이 복잡해서 너무 어려워요.

　　　　요코하마는 이렇게 복잡하지 않거든요.

③**가람** : 요코하마도 사람들이 많이 살고, 커요?

④**메이** : 그럼요. 요코하마는 크고 아름다워요.

　　　　그런데 사람들이 항상 바빠요.

　　　　요코하마에 한번※ 놀러 가 보세요.

⑤**가람** : 너무 가 보고 싶어요.

　　　　그런데 먼저 여권부터 만들어야 해요.

　　　　여권이 아직 없거든요.

⑥**유키** : 아, 가람 씨, 아직까지 여권이 없었어요?

　　　　이번에 하나 만드세요.

※「一度〜したことがある」のように単に回数を表す時には「한 번」と分かち書きするが、「試しに一度〜してみてる」のように機会を表す時には、「한번」と分かち書きせずに書くのが普通。ただし、これは母語話者にとっても難しいので、あまり神経質にならなくてよい。

単語と表現

2-79

☐	**전철** 〈電鐵〉	名 電車	
☐	**교통 카드** 〈交通-〉	名 交通カード(T-money)	☞第17課 コラムも参照。
☐	**복잡하다** 〈複雜-〉	形 複雑だ	
☐	**항상** 〈恒常〉	副 いつも、常に	
☐	**여권** 〈旅券〉	名 パスポート	

〈さあ、話そう！〉

A : ＿＿＿＿＿＿ 씨, Ⅲ ＿＿＿＿＿＿＿ 야 해요.

　　＿＿＿＿＿＿를/을 Ⅲ ＿＿＿＿＿＿＿ 주세요.

B : 아, 네. ＿＿＿＿는/은 ＿＿＿＿가/이 Ⅲ ＿＿＿＿＿＿ 서 너무

　　Ⅲ ＿＿＿＿＿ 요.

　　＿＿＿＿＿＿는/은 이렇게 Ⅰ ＿＿＿＿＿＿ 지 않거든요.

C : ＿＿＿＿＿＿도 ＿＿＿＿가/이 Ⅰ ＿＿＿＿＿＿ 고,

　　Ⅲ ＿＿＿＿＿＿ 요?

B : 그럼요. ＿＿＿＿＿＿는/은 Ⅰ ＿＿＿＿＿＿ 고

　　Ⅲ ＿＿＿＿＿＿ 요.

　　그런데 ＿＿＿＿＿＿가/이 항상 Ⅲ ＿＿＿＿＿＿ 요.

　　＿＿＿＿＿＿에 한번 Ⅱ ＿＿＿＿＿＿ 러 가 보세요.

C : 너무 가고 싶어요. 그런데 Ⅲ ＿＿＿＿＿＿＿＿ 야 해요.

　　＿＿＿＿＿＿가/이 Ⅰ ＿＿＿＿＿＿＿ 거든요.

A : 아, ＿＿＿＿＿＿ 씨, Ⅲ ＿＿＿＿＿＿＿＿ 요?

　　이번에 Ⅱ ＿＿＿＿＿＿＿＿ 세요.

付　録

基礎データ

◆韓国（Republic of Korea）基礎データ
外務省ホームページをもとに作成（2019年5月2日閲覧）。
参考URL：https://www.mofa.go.jp/mofaj/area/korea/data.html

一般事情

1. 面積：約10万平方キロメートル（朝鮮半島全体の45%、日本の約4分の1）
2. 人口：約5,127万人（出典：2016年、韓国統計庁）
3. 首都：ソウル
4. 民族：韓民族
5. 言語：韓国語
6. 宗教：宗教人口比率53.1%
   （うち仏教：42.9%、プロテスタント：34.5%、カトリック：20.6%、その他：2.0%）
   社会・文化に儒教の影響を色濃く受ける。
7. 略史：
   ・3世紀終わり頃に氏族国家成立
   ・三国時代（高句麗、百済、新羅）（4世紀頃〜668年）
   ・統一新羅（676年〜935年）
   ・高麗（918年〜1392年）
   ・朝鮮（1392年〜1910年）
   ・日本による統治（1910年〜1945年）を経て、第二次大戦後、北緯38度以南は米軍支配下に置かれる。
   ・1948年大韓民国成立。同年、朝鮮半島北部に北朝鮮（朝鮮民主主義人民共和国）が成立。

政治体制・内政

1. 政体：民主共和国
2. 元首：文在寅（ムン・ジェイン）大統領
3. 議会：一院制　300議席
4. 内政：2017年5月9日の大統領選挙により、文在寅新政権が誕生した。
5. 議席数（2018年2月現在）：
   共に民主党（与党）121　自由韓国党116　正しい未来党30

民主平和党14 　　　　　正義党6 　　　民衆党1

無所属4 　　　　　　　大韓愛国党1 　　空席7

[経済]

1. 主要産業：電気・電子機器、自動車、鉄鋼、石油化学、造船
2. 名目GDP：1兆4,112億ドル（2016年）
3. 総貿易額：

    [輸出] 5,737億ドル（2017年）

    [輸入] 4,784億ドル（2017年）
4. 主要貿易品目：

    [輸出] 集積回路等、乗用車、石油製品、客船・貨物船等、電話用機器・部品

    [輸入] 原油、集積回路等、石油ガス等、電話用機器・部品、石油製品
5. 主要貿易相手国・地域：

    [輸出] 中国、米国、ベトナム、香港、日本

    [輸入] 中国、日本、米国、ドイツ、サウジアラビア
6. 通貨：ウォン
7. 為替レート：　※（2017年）12月末

    1ドル＝1,071.40ウォン

    100円＝949.11ウォン

◆北朝鮮（North Korea）基礎データ

外務省ホームページをもとに作成（2019年5月2日閲覧）。

参考URL：https://www.mofa.go.jp/mofaj/area/n_korea/data.html#section1

（2019年5月2日閲覧）

[一般事情]

1. 面積：12万余平方キロメートル（朝鮮半島全体の55%）（日本の33%に相当）
2. 人口：約2,515.5万人（2015年、国連経済社会局人口部）
3. 首都：平壌（ピョンヤン）
4. 民族：朝鮮民族
5. 言語：朝鮮語
6. 宗教：仏教徒連盟、キリスト教徒連盟等の団体があるとされるが、信者数等は不明。
7. 略史：

    ・日本による統治（1910～1945）を経て、第2次大戦後、北緯38度以北をソ連が占領。

    ・1948年北朝鮮「政府」樹立。同時期に朝鮮半島の南半分では大韓民国が成立。

政治体制・内政

1．主要機関：

(1) 国防委員会（国家主権の最高国防指導機関）

(2) 最高人民会議（最高主権機関・立法権を行使・一院制・議席数687・任期5年）

(3) 内閣（最高主権の行政的執行機関・全般的国家管理機関）

(4) 朝鮮人民軍

2．政党：朝鮮労働党（北朝鮮のすべての組織活動を指導。党員約300万名）
　　第一書記：金正恩（金正日は「永遠の総書記」）

3．基本政策：

(1) 北朝鮮の政治は、主体思想（チュチェ思想：北朝鮮憲法では「人間中心の世界観であり
　　人民大衆の自主性を実現するための革命思想」（第3条）と規定）及び先軍思想を基礎と
　　し、朝鮮労働党の指導の下にすべての活動を行う（第11条）とされている。

(2) 北朝鮮は、第二次世界大戦・朝鮮戦争後、ソ連の例にならって計画経済体制を導入。配
　　給制度に基づき、指導者が生産手段を含め経済全体を管理。中ソ両国の援助を得つつ、
　　経済発展。

経済

1．主要貿易相手国（2013年）（KOTRA、韓国統一部推計）：
　　中国（65.5億ドル）、韓国（11.4億ドル）ロシア（1億ドル）

2．通貨：ウォン

3．為替レート：1米ドル＝99.8ウォン（2014年）（公式レート、韓国銀行推計）

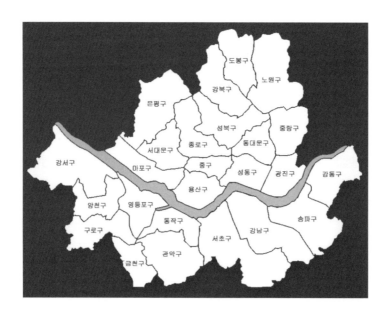

朝 日 索 引

┌─ 凡例 ───

品詞の略号   初出の課の提示方法

動 動詞   形 形容詞   存 存在詞   指 指定詞   名 名詞   9：第9課 語彙と表現

助 助詞   副 副詞   疑 疑問詞   間 間投詞   連 連体詞   9バ：第9課 単語バンク

表現 慣用表現   接尾辞 接尾辞   冠 冠詞   数 数詞   9コ：第9課 コラム

代 代名詞   応1：応用会話1
└───

ㄷ

ㅂ

日 朝 索 引

あ行

た行

な行

用言の活用のまとめ

　朝鮮語の用言（動詞、形容詞、存在詞、指定詞）は、基本形＝辞書に登録されている形がすべて「-다」で終わっている。この基本形から「-다」を取り除いた部分を語幹といい、この語幹に様々な語尾類が結びつくことを活用という。

　語幹に語尾が結びつく時、語幹の形は、後に付く語尾類によって、3通りに姿を変える。このように姿を変えた語幹を語基といい、3つのバリエーションをそれぞれ第Ⅰ語基、第Ⅱ語基、第Ⅲ語基とよぶ。3つの語基の作り方の基本は、次のとおりである。

基本形	第Ⅰ語基	第Ⅱ語基		第Ⅲ語基	
	全ての語幹	母音語幹	子音語幹	陽母音 (ㅏ, ㅗ)語幹	陰母音 (ㅏ, ㅗ以外)語幹
辞書に登録 されている形 (-다で終わる)	基本形から 「-다」を取 った形	基本形から 「-다」を取 った形 （第Ⅰ語基 と同じ）	第Ⅰ語基に 「-으-」を つけた形	第Ⅰ語基に 「-아-」を つけた形 （母音語幹は 縮約あり）	第Ⅰ語基に 「-어-」を つけた形 （母音語幹は 縮約あり）
오다	오-	오-		와-	
받다	받-		받으-	받아-	
배우다	배우-	배우-			배워-
읽다	읽-		읽으-		읽어-
하다	하-	하-		해-	

なお、ㄹ語幹用言、ㅡ語幹用言、ㅂ変格用言は、以下の　　において不規則な振る舞いをするので注意。

	基本形	第Ⅰ語基	第Ⅱ語基	第Ⅲ語基	注意点
ㄹ語幹用言 23	살다 (住む)	살-	살-	살아-	第Ⅱ語基において-으-がつかない。
	만들다 (作る)	만들-	만들-	만들어-	
ㅡ語幹用言 25	바쁘다 (忙しい)	바쁘-	바쁘-	바빠-	第Ⅲ語基は語幹末の_が脱落し、_の前の母音が陽母音であれば-ㅏ-が、陰母音であれば-ㅓ-がつく。
	예쁘다 (かわいい)	예쁘-	예쁘-	예뻐-	
	크다 (大きい)	크-	크-	커-	ただし、単音節語幹の（_の前に文字がない）場合には、一律に-ㅓ-がつく。
ㅂ変格用言 24	맵다 (辛い)	맵-	매우-	매워-	第Ⅱ語基は、語幹末のㅂをとり、-우-をつける。第Ⅲ語基は、語幹末のㅂをとり、-워-をつける。
	돕다 (助ける)	돕-	도우-	도와-	ただし、돕다（助ける）、곱다（綺麗だ）の2語の第Ⅲ語基は、-와-をつける。

ㄹ語幹用言は、第Ⅰ語基、第Ⅱ語基に「ㅅ、ㅂ、ㄹ※、ㄴ」から始まる語尾類が続く時に、語基の末尾のㄹが脱落することにも注意。　　　　　　　　※パッチムにㄹを持つ語尾類のみ。

※表中の23、24、25は、初出の課を表す。

語基と語尾類の結合規則

本書で学んだ語尾類は、以下のとおりである（ xx.x. は、初出の課）。

■第Ⅰ語基につく語尾類
▶ Ⅰ-습니다（子音語幹：～です、～ます［합니다体］ 11.2. ）
▶ Ⅰ-고（～て［順接］ 13.4. ）
▶ Ⅰ-고 싶다（～たい［希望、願望］ 18.2. ）
▶ Ⅰ-고 있다／ Ⅰ-고 계시다（～ている／～ていらっしゃる［進行］ 18.3. ）
▶ Ⅰ-고 있다／ Ⅰ-고 계시다（～ている／～ていらっしゃる［状態継続］ 19.1. ）
▶ Ⅰ-거든요（～んですよ［根拠］ 25.2. ）

■第Ⅱ語基につく語尾類
▶ Ⅱ-ㅂ니다（母音語幹：～です、～ます［합니다体］ 11.2. ）
▶ Ⅱ-시다（～なさる［尊敬形］ 13.3. ）
▶ Ⅱ-면 되다（～ばよい 14.3. ）
▶ Ⅱ-면 안 되다（～てはならない 14.3. ）
▶ 尊敬形の Ⅱ-ㅂ시오（～てください［丁寧な命令］ 14.4. ）
▶ Ⅱ-면서（～ながら、～のに［並行動作、逆接］ 18.4. ）
▶ Ⅱ-ㄹ까요?（～ましょうか［意向］ 19.3. ）
▶ Ⅱ-ㅂ시다（～ましょう［勧誘］ 23.3. ）
▶ Ⅱ-니까（～ので、～から［理由］ 24.2. ）
▶ Ⅱ-러（～しに［目的］ 25.3. ）

■第Ⅲ語基につく語尾類
▶ Ⅲ-요（～です、～ます［해요体］ 15.2. 16.2. （ 17.1. 17.2. ））
▶ Ⅲ-φ 있다／ Ⅲ-φ 계시다（～ている／～ていらっしゃる［結果状態］ 19.2. ）
▶ Ⅲ-ㅆ다（～た［過去形］ 20.1. 20.2. 20.3. 21.1. ））
▶ 아직 안 Ⅲ-ㅆ다、아직 Ⅰ-지 않았다（まだ～ていない［未完了］ 21.3. ）
▶ Ⅲ-φ보다（～てみる［試行］ 22.1. ）
▶ Ⅲ-도 되다（～てもいい［許可］ 22.2. ）
▶ Ⅲ-야 되다（하다）（～なければならない［義務、当為］ 22.3. ）
▶ Ⅲ-φ주십시오／주세요（～てください［依頼］ 23.2. ）
▶ Ⅲ-서（～ので、～から［理由］ 24.2. ）

数詞のまとめ

1	漢：일〈一〉	⑩		6	漢：육〈六〉	⑩	
	固：하나	⑫、한 ~	⑫		固：여섯 (~)	⑫	
2	漢：이〈二〉	⑩		7	漢：칠〈七〉	⑩	
	固：둘	⑫、두 ~	⑫		固：일곱 (~)	⑫	
3	漢：삼〈三〉	⑩		8	漢：팔〈八〉	⑩	
	固：셋	⑫、세 ~	⑫		固：여덟 (~)	⑫	
4	漢：사〈四〉	⑩		9	漢：구〈九〉	⑩	
	固：넷	⑫、네 ~	⑫		固：아홉 (~)	⑫	
5	漢：오〈五〉	⑩		10	漢：십〈十〉	⑩	
	固：다섯 (~)	⑫			固：열 (~)	⑫	

11	固：열하나	⑫、열한 ~ ⑫		20	固：스물	⑫、스무 ~ ⑫
12	固：열둘	⑫、열두 ~ ⑫		30	固：서른 (~)	㉓
13	固：열셋	⑫、열세 ~ ⑫		40	固：마흔 (~)	㉓
14	固：열넷	⑫、열네 ~ ⑫		50	固：쉰 (~)	㉓
15	固：열다섯 (~) ⑫			60	固：예순 (~)	㉓
16	固：열여섯 (~) ⑫			70	固：일흔 (~)	㉓
17	固：열일곱 (~) ⑫			80	固：여든 (~)	㉓
18	固：열여덟 (~) ⑫			90	固：아흔 (~)	㉓
19	固：열아홉 (~) ⑫					

100　漢：백〈百〉　⑩　　1,000　漢：천〈千〉 ⑩　　10,000　漢：만〈萬〉　⑩

※右に書かれた⑩、⑫、㉓は、初出の課を表す。

髙木丈也

慶應義塾大学 総合政策学部 専任講師。専門
は朝鮮語学(談話分析、方言学)。博士(文学)。

金泰仁(김태인)

2児の父であり、最愛の智慧の夫。慶應義塾
大学 総合政策学部 訪問講師。専門は朝鮮語
学(意味論)。博士(文学)。

表紙デザイン：申智英
写真協力：髙木丈也、金泰仁
　　　　　韓国観光公社
　　　　　(www.visitkorea.or.kr)

編集協力：岡山結季乃、大内萌花、
　　　　　出口明日香

ハングル ハングルⅠ
－ 한글 한 그루 Ⅰ

検印省略	Ⓒ 2020 年 1 月 30 日　　第 1 版 発 行

著者　　　　　　　　　　　　髙　木　丈　也
　　　　　　　　　　　　　　金　　泰　　仁

発行者　　　　　　　　　　　原　　雅　　久
発行所　　　　　株式会社 朝 日 出 版 社
　　　　　　〒 101-0065 東京都千代田区西神田 3-3-5
　　　　　　　　電話(03)3239-0271・72 (直通)
　　　　　　　　http://www.asahipress.com
　　　　　　　　振替口座　東京　00140-2-46008
　　　　　　　　　　　　　明昌堂／図書印刷
